FIDELIDAD

J. MORALES

FIDELIDAD

Segunda edición

EDICIONES RIALP, S. A.
MADRID

Primera edición: febrero 2004
Segunda edición: abril 2004

Fotocomposición. M. T. S. L.

ISBN: 84-321-3479-1
Depósito legal: M. 13.012-2004

Printed in Spain Impreso en España

Gráficas Rógar, S. A., Navalcarnero (Madrid)

Índice

Introducción

La fidelidad presenta en nuestros días un perfil modesto. No parece ya una palabra orgullosa. En una era de cambio vertiginoso y de inconsistencia, que parecería avalar una concepción budista del mundo y del hombre, la fidelidad, que es expresión de permanencia y constancia, retrocede en la sensibilidad y en las actitudes del hombre y de la mujer contemporáneos. El clima social no la favorece. Las mayorías se inclinan por los productos y arquetipos de nueva generación, y rinden culto a lo último que el mercado ofrece, y que ha inventado y urdido el mundo de la tecnología o del pensamiento. Modelos, ligámenes, ideas envejecen con asombrosa rapidez para ceder el paso a lo novedoso. El alma de muchos se ha convertido en un espejo de la impermanencia y volatilidad que les rodea. Se impone la movilidad (externa, de la mente y de la voluntad), y los viejos lazos quieren disolverse.

El paisaje familiar de estabilidad en el que vivían los cristianos era como el espejo, más o menos digno de crédito, de su identidad como creyentes. La permanencia del entorno, generadora de hábitos y de seguridad, acompañaba la certeza interior de su propia vida espiritual.

Pero ha bastado que el mundo religioso y cultural sobre el que cada creyente inscribe su destino y traza su ruta, haya perdido en parte sus contornos habituales, para que la seguridad interior desaparezca, y el cristiano de la segunda mitad del s. XX tome conciencia de un devenir incierto.

Tratar hoy de fidelidad encierra mucho sentido, y es como un imperativo cristiano en la hora presente. Se ha vivido un largo momento de transición en torno al Concilio Vaticano II (1962-1965). En la Iglesia ha ocurrido una crisis de vastas proporciones, comparable externamente a la que tuvo lugar con motivo de la revolución religiosa del siglo XVI. La diferencia es que en el siglo XVI se trató de una crisis circunscrita geográficamente a unos territorios europeos. La sacudida del siglo XX ha adquirido, por el contrario, una extensión planetaria, y unas dimensiones que habrían destruido y hecho estallar desde dentro cualquier institución humana.

Los fermentos y factores de crisis salen en el siglo XVI fuera de la Iglesia, una vez consumada la trágica escisión religiosa, y dan lugar a dos modos diferentes de entender y vivir el Evangelio. En la actualidad, sin embargo, muchos de esos factores centrífugos han permanecido, con mayor o menor vitalidad, en el seno de la comunidad eclesial, y originan todavía dentro de ella interpretaciones y sensibilidades que debilitan la comunión. Son las consecuencias de un colosal incendio, una inundación arrolladora, o un vendaval inesperado en su llegada, su violencia, y sus dramáticos efectos.

La impresionante ola de defecciones y abandonos de los años setenta supone mucho más que una suma de casos individuales, y manifiesta un problema que sobrepasa lo meramente personal.

Nuestro tiempo es una época de notable perplejidad sobre principios morales y espirituales, y criterios de conducta y deber. Este hecho priva a muchos en ocasiones de la seguridad necesaria para sentir y obrar bien. Ha paralizado asimismo la acción de hombres y mujeres de recta conciencia, que no consiguen descubrir y consolidar las bases de su existencia moral.

Calmada la crisis en sus aspectos más graves, parecen posibles y necesarias una reflexión serena y una meditación espiritual constructiva. Porque en medio de la tempestad han permanecido incólumes, aunque no impasibles, la fidelidad, el amor, la esperanza, no en abstracto sino en la existencia de hombres y mujeres de carne y hueso. Como suele ocurrir en tiempos difíciles, los excesos negativos han dado fuerza a energías contrarias, y en medio de apostasías, huidas y derrumbamientos se han originado también en lo hondo y en la superficie de la Iglesia, y de las sociedades donde viven y trabajan cristianos, grandes testimonios de fidelidad a Dios y a los compromisos de la propia conciencia.

Siempre han existido y existirán hombres y mujeres fieles en todas las circunstancias y contingencias de la vida. Existen también ahora entre nosotros, como testigos de la verdad y de la justicia, en su fragilidad de seres humanos. Se encuentran en todos los niveles y rincones de la sociedad. La presencia de esta fidelidad y de esta lealtad en el mundo, visibles en hombres y mujeres concretos, es precisamente uno de los motivos que permiten creer en los valores espirituales y trascendentes de la humanidad.

La vida de cualquier persona proporciona continuas ocasiones, grandes y pequeñas, para aprender, sentir, y ejercitar fidelidad. El más humilde y el más poderoso, el hombre mundano y el hombre espiritual, el ignorante y el sabio, el anciano y el joven: todos gozan de oportunidades prácticamente iguales para cumplir lo prometido, lo que se espera de ellos, en una actitud coherente, libre y razonable, de quien ha asumido el compromiso de dedicarse a una persona o a una causa noble.

Casi todas las virtudes ordinarias contienen aspectos que permiten considerarlas formas de la fidelidad, porque expresan de modo diferente la voluntad firme y constante de mantener la palabra dada, expresa o tácitamente, a Dios o a los semejantes, y aceptar todas las consecuencias de ese compromiso. Cualquier deber puede entenderse, formularse, y cumplirse como demostración de fidelidad.

Todos necesitamos causas y personas que estimulen y despierten nuestra capacidad de fidelidad y de lealtad, y que actualicen de este modo nuestras posibilidades de ser fieles a lo que merece la pena.

Los cristianos han desarrollado siempre su fidelidad al Evangelio bajo la presión de la sociedad en la que han vivido. Nunca ha existido una vida cristiana que no estuviera en tensión con el mundo ni bajo la mirada crítica, y a veces hostil, del entorno social o político. Presión significa en este caso costumbres adquiridas, mentalidades, usos y rutinas consagradas por el tiempo, convenciones y principios que se llegan a considerar normas irrefutables. La misma presión contiene generalmente factores de naturaleza y efectos diferentes. Puede ayudar a vivir los valores y compromisos nobles, o puede dificultarlos en el ejercicio de la libertad personal que opta por lo mejor.

Las instituciones y estructuras de la sociedad tecnológico-industrial parecen limitar nuestras opciones de modo particularmente intenso. En una sociedad organizada en torno a planteamientos puramente racionales y pragmáticos, tiene lugar una inexorable pérdida de libertad, tanto en los individuos como en los grupos, y resulta muy difícil «mantener un estilo de vida individual contra corriente»[1]. Se impone así en la sociedad un nuevo tipo de despotismo blando y anónimo, que desconfía de lo que estima originalidad o singularidades. Cualquier postura y conducta no conformista son fácilmente consideradas excéntricas, o vienen calificadas con etiquetas todavía más tajantes y agresivas.

Y sin embargo las presiones adversas nunca pueden eliminar el núcleo irreductible de la libertad personal. Tiene siempre sentido hablar de fidelidad como de una expresión de la unidad e identidad de la persona. Es una actitud de fondo, que es vivida necesariamente por el sujeto en circunstancias históricas y biográficas cambiantes, tanto personales como sociales e institucionales.

La fidelidad implica precisamente la trascendencia del espíritu sobre los condicionamientos temporales, la permanencia de valores últimos en la contingencia y en el régimen de la finitud. Toda reflexión válida sobre la fidelidad debe basarse en el marco de una teología y de una antropología personalistas, y de una espiritualidad del compromiso.

El ser humano abierto a lo trascendente, y que se conoce gradualmente a sí mismo, descubre que la fidelidad es como su destino ético y espiritual, y que sin ella su vida carece de orientación y de sentido verdadero. La persona humana es una totalidad de existencia, una auténtica bio-

---

[1] CH. TAYLOR, *La Ética de la Autenticidad*, Barcelona 1994, 44.

grafía, en la medida en que viene unificada por un objetivo de acuerdo con su naturaleza y su destino, y por un propósito. La fidelidad apunta precisamente a este propósito abarcante, y hace conscientes al hombre y a la mujer de ser un sujeto moral. La infidelidad puede equivaler a un suicidio espiritual y ético.

Abandonar la causa a la que un día se dedicó la propia vida es como cansarse de ser el sujeto moral que se es, y ciertamente no es el camino de conseguir la libertad.

Los lazos de la fidelidad —que a veces pueden parecer triviales— contienen siempre algo sobrehumano, y reflejan en circunstancias contingentes y pasajeras, valores absolutos. La fidelidad se nos presenta entonces no solamente como una guía de la vida, sino también como una suerte de revelación de nuestras relaciones con un reino invisible y perenne. Es precisamente esa perennidad la que explica y hace posible la estabilidad y constancia de nuestros compromisos definitivos. Quien practica la fidelidad demuestra creer en lo eterno, y consciente o no de ello, lo expresa en las acciones y reacciones de una vida cotidiana coherente.

Que la fidelidad se encuentre en un orden de absolutos, y que sea derecho y deber de hombres y mujeres frágiles, la sitúa necesariamente en un escenario moral de tensiones y peligros, en el que no caben optimismos ingenuos o superficiales.

La fidelidad no es una virtud fácil. Se asocia empíricamente en amargas y hondas vivencias morales de la raza humana. Los hombres fieles han conocido y conocen las alegrías y los bienes paradójicos del sufrimiento, la derrota, la traición, y las lágrimas. Estos son los acompañantes de la fidelidad vivida por seres finitos, y los únicos que engendran la verdadera paz espiritual. El hombre y la mujer fieles encuentran en su fidelidad su mejor recompensa.

La fidelidad es compatible con la originalidad. El hombre fiel debe frecuentemente mostrar que lo es mediante actos que se alejan de la rutina, de lo esperado, y de lo meramente previsible. Tiene muchas veces que desarrollar su inventiva en el cumplimiento de sus compromisos, tanto como se esfuerza en mantenerse leal y fiel a ellos. La fidelidad no es nunca inmovilismo, como el mar no es inmóvil, sino creativo, en su radical permanencia.

No es solamente un bien para el hombre fiel, sino mucho más: es un bien mayor y primario, porque le proporciona la solución a preguntas fundamentales, tales como ¿para qué vivo?, ¿por qué estoy aquí? Hace falta una tarea en la vida que la haga libre y digna. La acción humana, contrariamente a lo que significa y postula la apatía de los estoicos, necesita la importante dimensión de un compromiso ecuánime, que sea a la vez decidido y apasionado.

En un mundo desordenado y a veces caótico por obra de la libertad humana, la fidelidad del hombre a su destino se presenta como una de las energía positivas y unificadoras, que aportan sentido al conjunto, y son un contrapeso imprescindible a las fuerzas de la destrucción.

Hay unos principios que subyacen a cualquier tratamiento adecuado de la fidelidad. Figura en primer lugar la *unidad* del hombre. La modernidad filosófica y cultural ha hecho, sin embargo, un dogma de la afirmación contraria. Considera que en el ser humano coexisten separados y sin implicaciones mutuas un aspecto espiritual, sede de la libertad, y un aspecto fenoménico, que somete al hombre en cuanto criatura material, a las leyes de la necesidad. Valores últimos como el de la fidelidad, serían por tanto empíricamente irrealizables. Habitarían solamente un mundo de ideales puros, dado que en el hombre habría como dos sujetos no solidarios, y sometidos a legalidades distintas que no pueden unirse y ser predicadas de una misma persona.

La unidad del hombre implica, por el contrario, que existe un solo sujeto, capaz de contener y reagrupar las fuerzas centrífugas que amenazan habitualmente la armónica realización de su ser. Hay así un solo destino, al que responden el hombre espiritual y el hombre fenoménico, que son aspectos inseparables de una misma realidad ontológica y psicológica.

Un segundo principio es que la libertad humana es siempre operativa, aunque pueda estar disminuida en su ejercicio por acosos exteriores mundanos, y por fuerzas interiores negativas, que son taras inevitables del hombre caído.

Debe afirmarse, en tercer lugar, que la totalidad de los datos sensoriales y empíricos no es todo y sólo lo que existe. Los hechos del mundo no son, ni nunca serán, «todo lo que hay» (Wittgenstein). Dice George Steiner: «La intuición —¿hay algo más profundo?— la conjetura, tan extrañamente resistente a la falsificación, de que existe una "otreidad" fuera de nuestro alcance, da a nuestra existencia elemental su tono de insatisfacción. Somos criaturas con una gran sed, obligados a volver al hogar. La "irracionalidad" de esta intuición trascendental dignifica la razón»[2].

---

[2] *Gramáticas de Creación*, Barcelona 2001, 29.

Hay que tener en cuenta, por último, que los compromisos contraídos con Dios, aunque estén sancionados en el marco de un régimen humano y de una legalidad concreta, no suponen heteronomía o extrinsecismo para el sujeto que los adquiere y vive. Porque Dios no es simplemente *otro* para él, sino una condición de la existencia y de la acción, que actúa desde la raíz personal más íntima.

Hay un momento en el proceso de maduración personal en el que «lo que viene de fuera» (imperativos y valores que urgen una respuesta positiva de la libertad) y «lo que procede de dentro» (la elección que responde a esos imperativos morales o espirituales) se funden y hacen una sola y única realidad personal de fidelidad. Un acto libre los anuda y convierte en algo real, donde lo exterior y lo interior no existen verdaderamente como dimensiones autónomas dentro del sujeto. Lo interior y lo exterior, lo sensible y lo inteligible, lo libre y lo necesario tienden a convertirse en una sola cosa. Precisamente la fidelidad es básica para la unidad profunda y empírica del ser humano.

Oponer dialécticamente una fidelidad honda a una fidelidad mecánica, exigida sólo por la disciplina externa, es incorrecto, y no responde a la realidad de la psicología y de la ontología humanas. Tal dialéctica de oposición puede tener lugar sólo provisionalmente en caracteres inmaduros, que hayan actuado y adquirido compromisos sin conocimiento o libertad suficientes.

I. Ecos de la fidelidad en la literatura y en el mundo real

Las virtudes de la lealtad y de la fidelidad, que coinciden en muchos aspectos, ocupan un lugar de honor y de respeto en la literatura universal. Numerosos personajes míticos, legendarios, y otros creados directamente por la imaginación artística de escritores y poetas señalan la importancia de esos valores en la conciencia de la humanidad. Porque la literatura realista o simbólica representa la existencia humana, y es un registro documental insoslayable de la miseria y de la grandeza del hombre.

Aunque la literatura es en realidad la biografía de un hombre y de una mujer caídos, y no suele resultar edificante en su conjunto, ha querido y sabido reservar en todo momento un sitio para la fidelidad. La considera un asunto solemne, que se desarrolla y revela a veces en un marco de tragedia o de drama, mientras que en frecuentes ocasiones viene a reforzar los elementos didácticos, éticos, o espirituales de un relato de acciones humanas.

Los movimientos literarios no se ocupan sólo de palabras, ni se agotan en los libros impresos que los contienen materialmente. Los grandes autores no buscan la dicción por la dicción, sino que se mueven inspirados y como capturados por sus temas, que si son de altura, les engrandecen también a ellos. La literatura no pretende expresar la verdad objetiva de las cosas, sino la convicción y la visión subjetiva del escritor, pero al hacerlo desnuda con frecuencia el fondo del alma, y allí aparece la fidelidad como pasión, sentimiento, o nostalgia de un valor al que se aspira, o cuya pérdida se lamenta con dolor.

La fidelidad vive también, o al menos dormita, en el hombre caído y pecador, como viven en él los sentimientos elementales contrarios del impulso de venganza y de traición, el odio, la envidia, el rencor, y la codicia.

La debilidad y la fragilidad que son parte esencial de su ser hacen que el hombre obedezca servilmente al dolor, pero sabe y puede también en su libertad obedecer al amor y a la fidelidad que lo expresa y demuestra. Es precisamente en el ejercicio de la fidelidad cuando el hombre y la mujer responden a imperativos profundos de su propio ser, que la necesita para nutrirse y crecer espiritual y moralmente.

La iconografía antigua representa alegóricamente la Fidelidad, (que aúna la fides pública, la confianza, y la honradez en la vida ciudadana) como una elegante matrona coronada de olivos y laurel. A veces tiene un perro tendido a su lado, que también simboliza la amistad (algunos artistas medievales han colocado sobre las tumbas a un can echado a los pies de los esposos, como símbolo de fidelidad conyugal). La diosa tenía un santuario en el Capitolio romano, donde solía reunirse el Senado, y su imagen aparece muchas veces en las monedas de los pueblos aliados de Roma. En el sacrificio que se ofrecía a la diosa, los flámines oferentes habían de envolver la mano derecha con un lienzo blanco, para indicar el cuidado con que debería conservarse la confianza mutua, y que la mano derecha, prenda de la fidelidad, había de conservarse intacta y pura.

La mitología tiende por definición a aislar un episodio, para sustraerlo al espacio y al tiempo, y atribuirle las dimensiones y el significado de un drama cósmico. Así se advierte en parejas como Orfeo y Eurídice, Hero y Leandro, Dafnis y Cloe, Sigfrido y Brunilda, etc., que expresan, a veces trágicamente, los ideales de la mutua entrega, el amor, y la fidelidad, como fuerzas constantes que mueven no sólo los corazones, sino también el mundo entero.

Faltan ciertamente en las historias de estos personajes, como ocurre también en la tragedia griega, un tono de moderación, sobriedad y equilibrio. Pero los autores anónimos de esos poderosos relatos quieren significar sin duda que las nobles y exuberantes pasiones que describen, deben desbordar los cánones simplemente estéticos y razonables, si quieren dar razón de lo que verdaderamente son y de la grandeza que respiran.

El centro de la Ilíada es la fuerza y la exaltación del héroe guerrero, pero resulta mucho más paradigmática y profunda la historia legendaria de Penélope, la esposa de Ulises, que ha pasado a ser un arquetipo de la paciencia y constancia que hacen posible la fidelidad. La asociación de fidelidad y guerra viene a ser desastrosa, y la auténtica idea de la fidelidad ha podido oscurecerse por ver al hombre guerrero como su más típico representante.

Los hombres no necesitan combatirse para mostrar fidelidad. Es mucho mejor detenerse a observar la fidelidad normal y cotidiana de los pacíficos, de los humildes y sencillos, de los vecinos y colegas que llevan una vida fiel a sus compromisos mayores y menores.

En la vida de las personas fieles y leales apenas hay un momento o una situación en los que no sepan bien lo que quieren y lo que deben hacer. Así ocurre en los episodios culminantes de la vida de Eneas, a quien tanto la antigüedad como el Occidente moderno llaman *piadoso*, que en este caso es sinónimo de fiel en medio de los peligros y de la incertidumbre. La figura heroica de Eneas vincula de manera gráfica y dramática la humanidad y la fidelidad. El troyano, que en su huida acelerada lleva consigo con dificultades al padre anciano y a los dioses lares, representa lo mejor de una civilización que merece pervivir en él. Su fidelidad a las raíces salvadas por su acción generosa, le salva también a él mismo de la destrucción.

La figura de Eneas trasciende lo poético y habla para todos los tiempos sobre valores gentiles que han de culminar en el Cristianismo. Ha escrito Teodoro Haecker: «Virgilio es el único pagano, junto con los profetas judíos y cristianos, y la Eneida el único libro, junto con la Sagrada Escritura, que, trascendiendo la hora y la circunstancia de sus propios días, contiene afirmaciones que resuenan como profecías hasta las puertas de la eternidad»[1]. Muchas cosas que enuncia Virgilio como promesa se harán realidad verdadera en el Evangelio. La libertad fiel de Eneas triunfa sobre la fatalidad, y modifica, por así decirlo, el decreto de los dioses.

Los trabajos de Eneas —*labor improbus*— superan realmente a los de Hércules. No son trabajos o esfuerzos sobrehumanos, sino humanos. Exigen las lágrimas, que son propias de esta vida y que solamente se secarán en el más allá. Las lágrimas son con frecuencia el precio de la fidelidad.

---

[1] *Virgilio, Padre de Occidente*, Madrid 1945, 124.

La romántica caballeresca medieval es un género literario de cierta importancia para el tema de la fidelidad, antes de verse ahogada por la didáctica y la escolástica que surgen de las Universidades. La guerra y el estilo de las artes medievales enmarcan las figuras del caballero y el cortesano, que se distinguen a los ojos del mundo por la valentía y el honor. Junto a estas cualidades brilla, sin embargo, el amor con una luz especial. El infortunio de amantes como Tristán e Isolda confiere a su mutua fidelidad un sino trágico, que convierte a ambos en juguetes del destino adverso y hace borrosa su figura como seres humanos.

Los dramas de William Shakespeare (1564-1616) constituyen un lugar mayor para observar el nacimiento, desarrollo, y culminación de las principales pasiones y cualidades del hombre. El gran autor inglés ilustra consciente o inconscientemente en sus personajes aspectos elementales de la naturaleza humana. Shakespeare vive en un período de disolución y de caos dentro de la historia de Inglaterra. Es un tiempo en el que cualquier actitud emocional que parecía proporcionar al hombre inglés algo firme y seguro era buscada y tenida en cuenta ávidamente. Junto a cuadros y situaciones terribles de debilidad humana (Otelo, Macbeth, Claudio, Gertrudis...), y encarnaciones del orgullo, el cinismo y la traición, Shakespeare se detiene también, con admiración y respeto, ante la fidelidad.

«No hay en él desprecio alguno hacia la religión ni escepticismo. Afirma las leyes de la moral y de la verdad divina con la coherencia y severidad de un Esquilo, Sófocles, o Píndaro. Nunca hay duda en sus obras acerca de dónde reside lo justo. Satanás nunca aparece como héroe, ni Caín como víctima, sino que el orgullo es orgullo, y el vicio es vicio, y si el poeta se permite alguna indulgencia hacia pensamientos ligeros o palabras impropias, su admiración se reserva para la virtud y la verdad»[2].

Es difícil estar siempre en lo cierto cuando se interpreta a alguien tan grande como Shakespeare. Pero en la tarea creativa de convertir acciones humanas en poesía, el gran autor británico suele adoptar, más allá de la estética, actitudes éticas y espirituales. Su inspiración y sus motivos clásicos no difuminan ni hacen ambiguo el fondo cristiano. Su humanismo acusa y refleja la complejidad y contradicciones de la naturaleza humana, tejida de luces y sombras.

La fidelidad de Hamlet a la memoria y a los imperativos del padre asesinado no es aceptación fatal del destino, sino expresión de libertad última, que vence la duda y se traza una trayectoria a seguir. La fidelidad robusta y amable de Horacio, que vive para su joven señor y príncipe en medio de un mundo hostil e indiferente, emerge de dentro, brota de la abundancia del corazón.

El drama de Cordelia, la hija desheredada por el rey Lear, no es única ni principal consecuencia de la ingratitud de los más próximos, sino el retrato de la grandeza y constancia del alma en el infortunio no merecido.

Pocos personajes de la literatura universal nos hablan tan elocuentemente de fidelidad a altos ideales como el Caballero de la Triste figura, creado por Miguel de Cervantes (1547-1616). He aquí un hombre bueno que arrostra las incomprensiones y las burlas del mundo prag-

---

[2] J. H. NEWMAN, *The Idea of a University*, ed. I. T. Ker, Oxford 1976, 262.

mático, para realizar grandes y nobles deseos y lograr objetivos que parecen inalcanzables a los hombres vulgares.

En su firme determinación de conseguir fama inmortal, haciendo el bien y liberando a oprimidos, don Quijote se niega en todo momento a reajustar la grandeza de sus deseos a lo estrecho de la realidad. La fidelidad a sus propósitos parece condenarle a un perpetuo fracaso, y hacerle parte de una cultura de perdedores. El lector de Cervantes puede aprender, sin embargo, que el hombre de éxito se adapta al mundo, mientras que quien parece derrotado intenta que el mundo se conforme según sus nobles y altos deseos, y se convierta de ese modo en un lugar mejor. Todo progreso real depende en realidad del que llaman perdedor.

Muchos han sabido leer en la locura creativa de don Quijote una magnífica ilustración del poder y de la sabiduría de la fe que persevera en una tarea digna y pura. El hidalgo persigue una fama inmortal y una gloria que nunca han de pasar. Con esa idea decide seguir el camino que podría parecer más extravagante y menos práctico. Se hace caballero andante en un mundo donde esa figura caballeresca era desde hacía tiempo un perfecto anacronismo.

Todos sus amigos y conocidos, avisados y prácticos, se ríen de su locura. Pero en la larga batalla que enfrenta al solitario caballero contra el mundo que se considera realista y pragmático, cabe preguntarse cuál de las partes era víctima de una ilusión. Porque el mundo que en aquel momento se burlaba de don Quijote y Sancho ha desaparecido en el curso de la historia, mientras que el Caballero de la Triste figura y su fiel escudero viven para siempre.

Sancho Panza, que encarna inicialmente la sabiduría popular de quienes viven con los pies en la tierra, sigue a su amo con escepticismo, perplejidad y algo de temor, pero le sigue también con fidelidad. Dice Sancho a la Duquesa: «si yo fuera discreto, días ha que había de haber dejado a mi amo. Pero ésta fué mi suerte, y ésta mi malandanza; no puedo más; seguirle tengo: somos de un mismo lugar; he comido su pan; quiérole bien; es agradecido; dióme sus pollinos, y, sobre todo, yo soy fiel; y así, es imposible que nos pueda apartar otro suceso que el de la pala y el azadón. Y si vuestra altanería no quisiere que se me dé el prometido gobierno, de menos me hizo Dios, y podía ser que el no dármelo redundase en pro de mi conciencia; que maguera tonto, se me entiende aquel refrán de "por su mal le nacieron alas a la hormiga"; y aun podría ser que se fuese más aína Sancho escudero al cielo, que no Sancho gobernador»[3].

Sancho Panza no creía en los mismos ideales que encendían y movían a su amo, pero creía en su amo. Le había seguido al principio por simple interés, pero al final le seguía por afecto sincero y por amor; y se mantuvo fiel a él a través de las más complicadas tribulaciones.

No conviene olvidar que la matriz de la gran novela de Cervantes es el ambiente cristiano de la España de los siglos XVI y XVII, y su clima de poderosa religiosidad, tanto mística como activa. Juan de la Cruz, Teresa de Jesús, e Ignacio de Loyola, entre otros muchos hombres y mujeres de alma ardiente, eran espíritus racionales y llenos de realismo, pero su llamamiento y su vocación les

---

[3] *El Ingenioso Hidalgo Don Quijote de la Mancha,* Parte II, Capítulo XXXIII.

hicieron percibir lo que veían como una inaceptable disparidad entre la grandeza de su deseo y lo pequeño de la realidad.

Para la mayoría de los mortales la vida no suele ofrecer un guión tan accidentado y dramático como el de don Quijote. Los papeles que los hombres y mujeres corrientes deben desempeñar son generalmente más humildes y aparentemente más banales, lo cual no significa que sean menos importantes, y en ocasiones menos heroicos. Todos tienen compañeros de humanidad con razonables pero altas exigencias, que les fuerzan a explorar el límite de sus posibilidades. Los padres esperan y confían que sus hijos e hijas se comporten como tales. Los hijos esperan tener buenos padres y madres. Los esposos desean junto a ellos a mujeres y maridos que sean dignos de ese nombre. Y ninguno de esos papeles resulta fácil. Van siempre cargados de riesgos y desafíos, pruebas y humillaciones, derrotas y victorias.

La causa del hombre leal le sobrevive, mientras que la independencia del egoísta muere con él. Las últimas palabras de éste suelen ser la afirmación de haber vivido, sin advertir que habla de una vida vacía. Pocos hombres y mujeres encuentran el coraje moral para olvidar o minimizar sus heridas, a fin de invitar y urgir a otros a la conquista de alturas. La lealtad y la fidelidad tienen que combatir siempre la tendencia natural del hombre a centrar la vida en torno a sí mismo y a los propios intereses. El individualismo hedonista sabe poco de lealtades.

Entre los personajes de la brillante literatura rusa del siglo XIX, creados por el realismo de Gogol, Tolstoi, Dostoyevski, etc, abundan los resentidos: hombres y mujeres que odian en silencio, como consecuencia, en gran medida, de la secular opresión del pueblo por la autocracia. Pero las trágicas, y a veces degradadas figuras de Dostoyevski, por ejemplo, conviven con otros semejantes cuyo clima moral cotidiano está hecho de fidelidad, abnegación y perdón. Es el caso, entre otros, de Sonia Marmeladova (*Crimen y Castigo*), de Makar Dievuschkin (*Pobres Gentes*), y sobre todo del joven Alioscha Karamazov: la conducta de éste, que se mueve entre las vidas azarosas de su padre y hermanos, respira una fidelidad serena e incondicionada, también biológica, a la estirpe familiar; y simultáneamente una adhesión activa y optimista a los valores cristianos, que le hace esperar contra toda esperanza.

Considerada no como un mero objeto, sino como un ámbito de realidad, la obra literaria nos muestra con frecuencia a la fidelidad, que se encarna y desarrolla en conductas no sólo estimulantes y bellas, sino sobre todo verosímiles. Nos hemos detenido en un puñado de personajes y caracteres bien conocidos de la literatura universal que sobresalen por el tributo que han rendido en sus vidas a la fidelidad y a la lealtad. Podríamos desde luego ampliar el número de hombres y mujeres leales, en los que pueden confundirse la realidad y la ficción, porque son en cualquier caso seres humanos, somos nosotros mismos.

Otras figuras de gran calado desfilan en la obra de escritores como Honoré de Balzac, Víctor Hugo, Walter Scott, o Charles Dickens. O en textos autobiográficos como las obras de Antoine de Saint-Exupèry (*Tierra de Hombres*, etc.). No hace falta mencionar los impresionantes documentos escritos que reflejan las grandes tragedias europeas ocurridas en la segunda mitad del siglo XX.

Cuanto mayores se desencadenan los dramas del mundo, más luminosa parece brillar la luz de la fidelidad en hombres que parecían frágiles; y en los lugares preparados para robarle al ser humano su dignidad, la constancia fiel consigue sus triunfos más definitivos y sobrecogedores.

El cine nos presenta también de vez en cuando a un nuevo tipo de héroe, que se distingue absolutamente del héroe vulgar y decadente que puebla las distracciones y evasiones de la sociedad de consumo.

«Es la persona que, fiel a sus convicciones y sentimientos, persevera desde su posición social y su oficio en una obra de servicio desinteresado. Es ese padre que hace cuanto puede porque su hijo pequeño se abra camino superando su minusvalía o su deficiencia. Son esos matrimonios emigrantes que, abandonando sus hogares y los lugares tan cargados de recuerdos, se aventuran hacia tierras extrañas para labrarse un mejor futuro familiar. O es ese oficinista postergado que conserva lealtades en su corazón, y aun ese presidiario que lucha contra un ambiente sórdido para recuperar su dignidad.

Hemos de agradecer al cine que también esté ofreciéndonos estas imágenes y otras parecidas. Hemos de agradecerle que nos descubra esas "hazañas", a menudo escondidas, que concurren con las proezas completamente falsas de las películas atiborradas de efectos especiales.

Celebremos, por consiguiente, que, a distancia de siglos del escudo y la espada del adalid griego, del torneo del caballero armado de punta en blanco, o del revolucionario romántico que arrastra con su voz y con sus panfletos, esté adquiriendo forma el neohéroe de la cotidianidad. También el cine, afortunadamente, nos está redescubriendo al hombre que practica "virtudes heroicas"; el hombre que, desde el punto de vista religioso, lleva el nombre de "santo". Su presencia en las pantallas nos ofrece luces nuevas para la esperanza»[4].

Los cuadros de ficción que hemos recorrido tienen el oficio de introducirnos en la realidad, que la supera siempre en todas las direcciones, es decir, en altura, anchura, y profundidad. Los buenos escritores saben bien por ello que, a la hora de componer un buen relato humano, no necesitan imaginar ni inventar nada. Les basta observar atentamente las acciones de sus semejantes.

La lealtad es un sentimiento que, cargado de consecuencias, ha florecido desde siempre en la vida del hombre histórico. Es un noble hábito del corazón del que nos hablan con muda elocuencia numerosos personajes del pasado, que han tenido dignos sucesores en la línea de la virtud.

Puede ser cierto que los contenidos y motivaciones más enteros de la lealtad y de la fidelidad sólo han tenido lugar en el Cristianismo y en la inspiración de conductas que el Evangelio hace posible. Pero nadie ha negado al mundo pagano la capacidad, demostrada con hechos, de enseñar fidelidad a la palabra dada, al encargo o la misión recibidos legítimamente, a la amistad, a la patria.

Siempre ha habido hombres y mujeres capaces de sacrificarse por el bien común, no sólo en la guerra, sino también en la paz. Otros han lamentado desde la poesía, y desde una prosa llena de dignidad y de nostalgia, la ausencia de fidelidad por quienes deberían ofrecerla a los

---

[4] Ruth Gutiérrez, de una tesis doctoral sobre la figura del héroe en las películas de John Ford.

amigos en momentos difíciles. Lo afirma, por ejemplo, Ovidio en versos memorables: *Donec eris felix, multos numerabis amicos. Tempora si fuerint nubila solus eris.*

La fidelidad de los antiguos contiene ciertamente mucho de elemental, mecánico y hasta zoológico. Se diría que el individuo desaparece muchas veces y se sumerge en el grupo que se comporta colectivamente de modo fiel, como una unidad sin fisuras, porque la tradición y la costumbre no le permiten actuar de otro modo.

Este parece ser el caso de la fidelidad institucionalizada que podemos observar en la famosa *devotio iberica*, por la que muerto el jefe o caudillo de un clan, todos los más allegados a su persona acababan también con sus vidas. Los ideales japoneses de caballerosidad, simbolizados en la figura del samurai, se expresan asimismo en la institución del *bushido*, que es el código de honor de aquél. En el siglo XIX, el bushido se convirtió en la base de la formación ética de toda la sociedad japonesa, y el emperador reemplazó al señor feudal como objeto de lealtad y de sacrificio.

La idea del bushido data del siglo XII y su contenido ha experimentado algunas variaciones, según el grado de influencia del budismo Zen y del pensamiento confuciano. Pero sus aspectos inalterables comprenden el espíritu marcial, que no conoce el miedo en la batalla, la vida sobria, la amabilidad, la honestidad, y la piedad filial. La obligación suprema del samurai era, sin embargo, hacia su señor, aunque el cumplimiento de este deber fuera en perjuicio de los padres.

La sociedad cristiana de la Edad Media conoce la relación del vasallo y del barón a su señor feudal, que se sella y sacraliza con un juramento de fidelidad. Esta fidelidad es en realidad una manifestación de la fidelidad que vincula al súbdito con el Rey de los cielos.

«Roldán, al morir, alza su guante a Dios del mismo modo que un vasallo se despoja de su guante cuando es llamado por su señor. "Tuve el honor —decía un noble anciano que había ingresado en un monasterio, consagrándose a la misión de lampadario— de ser en el mundo conde y caballero, y gustoso alumbré con el cirio a un rey mortal; ¿cómo no he de llevar un cirio con mayor agrado ante el Rey de los cielos, a quien sirvo ahora?"»[5].

Muchas virtudes y deberes que se consideraban entonces peculiares de la nobleza coincidían con los que predicaba para todos el Cristianismo, tales como la protección de los débiles, la compasión hacia los menesterosos, y el respeto a los caídos y derrotados.

Entre la poesía épica y la realidad histórica, la figura de Rodrigo Díaz de Vivar, el Cid Campeador (hacia 1040-1099) representa la fidelidad del vasallo que, por sus virtudes, merecía haber tenido un señor más a la altura de las circunstancias.

La fidelidad humana recibe habitualmente un halo de sacralidad, de modo que lo santo aparece como su fundamento y garantía. Luis de Baviera y Fernando de Austria prestaron, en 1326, juramento de mutua fidelidad sobre una Hostia consagrada, partida luego en dos, y consumida por los interesados[6]. Dos siglos más tarde, la espiritualidad ignaciana recreará el mundo de la caballería, y la Compañía de Jesús —hombres de *fiel corazón*— se autocomprenderá como una mesnada de caballeros de Cristo.

---

[5] W. VEDEL, *Ideales de la Edad Media*, Barcelona 1927, 2ª ed. 1933, 18.
[6] M. RUBIN, *Corpus Christi*, Cambridge 1991, 336.

El canciller humanista Tomás Moro (1478-1535) es un ejemplo muy destacado de fidelidad a Dios a través de su conciencia. Fidelidad a Dios y a la voz interior forman en él una unidad sin fisuras. La verdad convertida en prudencia verdadera permite a Moro escapar de la apostasía general de la sociedad inglesa más representativa, ocurrida por presión del rey Enrique VIII en 1534.

Moro es uno de esos hombres —como ha escrito C. S. Lewis— ante quienes «el mejor de nosotros debe permanecer con la cabeza descubierta»[7]. El humanista inglés no es una versión moderna de Sócrates. No se trata de un mártir del humanismo renacentista o contemporáneo. El caso Moro no nos instruye sólo acerca de una conciencia individual que reafirma su derecho a disentir ante una situación y unas tesis para él inaceptables. Tomás Moro nos habla en su conducta de una conciencia iluminada desde la Ley de Dios, y abierta a las exigencias amables de esa Ley. No nos habla de subjetivismo, sino de trascendencia. Habla del hombre; pero habla antes, y mucho más, de Dios.

Moro personaliza la existencia cristiana, es decir, la vida concebida como servicio a Dios y al hombre, desde convicciones profundas que conducen a compromisos y quehaceres continuos y arriesgados. Es la superación del formalismo religioso, sin caer en el iluminismo, que desprecia ingenuamente sacramentos, consagración a Dios, indulgencias, culto a los santos, etc. La vida de Moro, mucho más ardua que su muerte admirable, representa uno de los mejores capítulos en la historia de la conciencia europea.

---

[7] *English Literature in the 16 th Century*, Oxford 1954, 173.

«En el tiempo inmediatamente anterior a sus dificultades —escribe Roper— hablaba con su mujer e hijos acerca de las alegrías del cielo y los dolores del infierno, de las vidas de los santos mártires, de sus duros martirios, de su paciencia maravillosa, y de sus pasiones y muertes sufridas antes que ofender a Dios. Les hablaba también de la feliz y bendita circunstancia que era sufrir, por amor de Dios, la pérdida de los bienes, la prisión, y la pérdida asimismo de las tierras, e incluso de la vida»[8].

El conflicto de deberes no es tal para el cristiano que ha establecido claramente sus prioridades. Indica sólo que será necesaria la fortaleza y el auxilio del cielo para formar una decisión adecuada y llevarla adelante.

La historia del Cristianismo nos suministra innumerables episodios de fidelidad a Dios y a la propia conciencia. Bástenos para terminar este breve recorrido, mencionar la vida y la muerte de los hermanos Sophie y Hans Scholl, que fueron ejecutados en 1943 por resistir al régimen hitleriano.

Recogemos la descripción de Claudio Magris: «Eran de Ulm y hoy una escuela superior lleva su nombre. Su historia es el ejemplo de la resistencia absoluta que Ethos opone a Kratos; supieron rebelarse a algo que a casi todos parecía una obvia e inevitable aceptación de la infamia. Como ha escrito Golo Mann, combatían con las manos desnudas contra la impresionante potencia del Tercer Reich, afrontaban el aparato político y militar del estado nazi provistos únicamente de su ciclostil, con el que difundían las proclamas contra Hitler.

Eran jóvenes, no querían morir y les disgustaba alejarse del encanto de los días hermosos, como dijo tran-

---

[8] *The Life of Sir Thomas More, Knight*, London, Dent, 1963, 28.

quila Sophie el día de la ejecución, pero sabían que la vida no es el valor supremo y que resulta agradable y placentera cuando se pone al servicio de algo que es más que ella y que la ilumina y calienta como un sol. Por eso marcharon serenos al encuentro con la muerte, sin miedo, sabiendo perfectamente que, en palabras de San Juan, el príncipe de este mundo está ya juzgado»[9].

¿Qué sería del mundo sin la fidelidad al menos de unos pocos? ¿Y qué sería la fidelidad sin pruebas y obstáculos?

---

[9] *El Danubio*, Barcelona 1988, 65.

II. La fidelidad verdadera se define por el valor de su objeto. Sustitutos ilícitos y sucedáneos de la fidelidad

La fidelidad es una virtud que viene determinada por los valores y metas a los que el hombre quiere ser fiel. La perseverancia en el logro de un objetivo rastrero o miserable no merece el nombre de fidelidad. Hace falta que la persona persiga los bienes verdaderos que su vida necesita, y que lo haga con tenacidad y espíritu de renuncia a bienes secundarios.

Tampoco todas las actitudes de fidelidad valen lo mismo. Hay objetivos triviales y prescindibles, en los que la persona no se juega nada realmente importante. Hay otros, en cambio, cuya consecución merece cualquier esfuerzo, porque resultan decisivos para la existencia del hombre o de la mujer que los pretende.

Hay comportamientos del hombre que, bajo algún aspecto, podrían considerarse manifestaciones de lealtad y de fidelidad a un ideal, a una causa determinada, a otras personas. Es frecuente, en efecto, justificar acciones determinadas, de moralidad dudosa o claramente inmorales, invocando el honor, las tradiciones, los ídolos sociales, el altruismo o la amistad, una orden del superior jerárquico, una ley positiva, la razón de estado, la revolución.

Se trata de sustitutivos éticos y de pretendidas normas, que en el sentir de muchos han de ser lealmente obedecidos, y que constituyen un gran capítulo en la vida de los hombres. No son en absoluto realidades despreciables en sí mismas, y forman de hecho una fuente de obrar recto, que pone en ejercicio la abnegación y la auténtica fidelidad.

Pero esas instancias, capaces de engendrar una normatividad legítima en condiciones normales, no representan necesariamente valores absolutos que deban ser tenidos en cuenta por el sujeto en cualquier circunstancia. Pueden inducir, por lo tanto, a comportamientos que suponen sucedáneos de fidelidad, porque se realizan por falsos motivos, y encubren en realidad desorientación moral, o compromisos y manifestaciones diversas de egoísmo. No todo el que dice *es mi deber actuar así* dice verdad. Porque podría hablar o actuar basándose en una comprensión ilegítima y desfigurada del propio deber, que se habría desvinculado en ese caso del Bien absoluto y primario, que fundamenta cualquier obligación ética o religiosa.

Muchos aseguran con frecuencia haber actuado por fidelidad al propio honor y a su dignidad personal. Las diferentes épocas de la historia y las sociedades humanas correspondientes a cada una, han reconocido y reconocen también la vigencia de un sentido del honor, aunque no siempre se utilice la misma palabra. La idea de honor tiene en la práctica diversos equivalentes, tales como pundonor, hombría de bien, honradez, reconocimiento social de la competencia profesional, prestigio en una rama determinada del saber o del actuar humanos, etc.

Lo que denominamos honor posee una vertiente estrictamente íntima y personal, y se refiere entonces a la dignidad y respeto con los que un hombre o una mujer se ven a sí mismos, al margen de lo que pueda pensar o decir de ellos la sociedad que les rodea. Si alguien considera que debe *lavar su honor* ofendido o vulnerado, lo hace en principio por estricta fidelidad a sí mismo, y por consideración a su autoestima. Diferente a estos sentimientos es el deseo correlativo de restaurar y mantener la buena fama que ha sido herida o incluso destruida por una ofensa.

El honor constituye desde luego un bien legítimo y necesario de la persona. No está en absoluto desprovisto de valor moral y religioso. Le hace falta al sujeto para vivir en paz consigo mismo, y conducir unas relaciones adecuadas con los demás. Pero la idea y el ejercicio del honor personal y familiar no son separables fácilmente de los códigos y prejuicios sociales, deformados muchas veces por el peso histórico de tradiciones y usos corrompidos.

Dice un autor del siglo XVII: «En casi todas las repúblicas, todas las contiendas y competencias son sobre la hacienda o sobre puntos de honra»[1].

Existen conceptos enfermizos y patológicos del honor, junto a concepciones superficiales y frívolas de éste. Lo que algunos consideran fidelidad al honor podría no ser otra cosa que un culto y un homenaje personal a la propia vanidad y al propio orgullo. La fidelidad no es entonces un acto de virtud, sino una seria falta de carácter, e incluso un grave pecado.

Por un falso, aunque pueda a veces ser comprensible, sentido del honor, «caballeros» de otras épocas han acudido al duelo para «lavar con sangre» la honra que consideraban ofendida. También en nuestro tiempo perviven

---

[1] A. RODRÍGUEZ, *Ejercicio de Perfección y Virtudes Cristianas*, 1, 1, 13.

actitudes y conductas similares. Movidos por una idea semejante del honor, hombres de toda época han perpetrado venganzas, impulsadas principalmente por el odio o el resentimiento. Otros han realizado una mala acción solamente porque prometieron hacerla, y no podían ni debían faltar a la palabra dada.

La literatura de todos los tiempos nos presenta ejemplos que demuestran bien a las claras el ofuscamiento y la pérdida del norte moral que puede ocasionar en algunos su idea del honor. Mateo Falcone, protagonista de una novela de Próspero Merimèe (1803-1870) mata a su propio hijo, porque éste había denunciado a un criminal a quien el padre mantenía escondido en la casa. El parricida estimó sin duda un deber moral actuar de modo tan drástico y cruel, y hasta se vería a sí mismo como un ejemplo de justicia que no hace acepción de personas.

El alcalde de Zalamea, célebre personaje de Calderón de la Barca (1600-1681), hace ahorcar al militar que había ofendido a su hija, a pesar de que aquél se había amparado en otra jurisdicción. La justa búsqueda de restitución del honor familiar agraviado, no concedía, sin embargo, al alcalde derecho alguno para actuar como hizo.

Organizaciones contemporáneas como la mafia italiana y sus derivaciones norteamericanas suelen operar con arreglo a unas normas que en ocasiones se asemejan a códigos de honor. Es evidente que esa pseudo-normativa y la vinculación que implica en los individuos no engendra obligación alguna de fidelidad, ni puede llamarse fidelidad a su observancia. Lo mismo cabe afirmar de grupos y sectas con fines o regímenes ilícitos e inmorales, que no son objeto de verdadera fidelidad.

Las tradiciones paternas, comunitarias, y de grupo desempeñan un importante papel formativo y pedagógico en la vida de los individuos que forman parte de esos colectivos. Encierran por lo general valores positivos. Confirman habitualmente la identidad de las personas, que pueden sentirse legítimamente parte de un todo. La pertenencia a la familia o a una determinada comunidad más o menos extensa origina instintos y hábitos conscientes de fidelidad, que resultan imprescindibles para construir convicciones y sentimientos fundamentales del hombre y de la mujer individuales.

Hay tradiciones y modos de hacer y sentir comunitarios que, consagrados por el tiempo y la idiosincrasia de un grupo, no contribuyen, sin embargo, al desarrollo moral y humano de quienes lo componen. Hace falta entonces un discernimiento para apreciar que determinadas tradiciones, costumbres y comportamientos deformantes no merecen la fidelidad que ciertamente pueden exigir, por lealtad al grupo y a uno mismo, otras tradiciones de contenido sencillo, formativo, e incluso edificante. Una tradición popular o culta no se justifica meramente porque «siempre se ha hecho así», o porque «todos lo hacen».

A las tradiciones de este género pueden asimilarse las corruptelas y prácticas perversas que dominan el ejercicio de algunas profesiones, y que tienden a justificar su vigencia por motivos de antigüedad o uso generalizado. Así como el ambiente y el clima humano de un colectivo de personas, o de una institución, pueden contribuir eficazmente al bien moral, e incluso a la reforma espiritual de los individuos, son capaces también de ejercer un extraordinario poder corruptor. La observancia a esas legalidades ficticias no supone entonces una verdadera fidelidad.

Las tradiciones religiosas en las que se ha nacido suelen representar una función decisiva en la formación y desarrollo interior de la persona. Son sus raíces espirituales y contienen para el individuo un llamamiento permanente a la fidelidad.

Pero mantenerse en la práctica de una religión por motivos tradicionales cuando se ha conocido la religión católica, puede suponer para la persona un anacronismo y sobre todo un estancamiento espiritual. La fidelidad razonable que se debe a las propias raíces religiosas no puede prevalecer ante el bien mayor de la religión cristiana, si ésta se hace presente y asequible. Porque toda gracia que Dios concede al hombre en cualquier religión se ordena en último término a su aceptación de la fe católica, aunque esa aceptación, con culpa o sin culpa del sujeto, nunca llegue a producirse.

Resulta, por tanto, improcedente la invocación de fidelidad a la religión de los padres o de la familia, de quien ha conocido suficientemente la religión católica y ha sentido algo de su atracción interior, y se niega, sin embargo, a dar el paso de la conversión. La apertura sincera a la plenitud de la verdad religiosa exige en el individuo consciente la obligación de abrazar el Evangelio, dejando atrás su pasado religioso, en todo lo que éste pueda ser un obstáculo.

Abandonar la religión de los padres en aras del propio avance espiritual no sólo es algo lícito, que no implica infidelidad alguna, sino también algo necesario e inaplazable. «Nuestro Señor Jesucristo —escribe San Cipriano de Cartago— no se llamó a sí mismo costumbre, sino Verdad». La fidelidad genuina a lo fundamental y a lo más valioso para el sujeto en determinadas e irrepetibles circunstancias de su biografía interior, engendra un dinamismo inexorable que lleva a superar lo antiguo y para él caduco, para abrirse a lo nuevo.

San Pablo habla con respeto, pero también con desapego y distanciamiento de las «tradiciones paternas»[2], que en su juventud observó con celo ejemplar. Sus palabras parecen un eco de las de Jesús que reprocha a los fariseos descuidar la justicia y el verdadero culto a Dios, por observar determinadas tradiciones de los padres[3].

Pablo enumera todo aquello en lo que podría gloriarse como buen judío, fiel a la religión paterna. «Circuncidado al octavo día, del linaje de Israel, de la tribu de Benjamín, hebreo e hijo de hebreos; en cuanto a la Ley, fariseo; en cuanto al celo, perseguidor de la Iglesia; en cuanto a la justicia de la Ley, intachable. Pero lo que era para mí ganancia, lo he juzgado una pérdida a causa de Cristo»[4]. Detenerse en la etapa del Judaísmo, hubiera supuesto para Pablo la locura de desobedecer la voz de Jesús por una fidelidad relativa y simplemente humana. La perseverancia en los caminos de la Ley habría dejado de ser para él una virtud, para convertirse en un pecado.

Lo mismo puede decirse de hombres y mujeres de todas las épocas, que han abandonado el suelo caduco de la religión en la que crecieron y aprendieron tal vez su primer Cristianismo, o los rudimentos de su fe en el Dios Único, para abrazar el Evangelio con esfuerzo y alegría. Si había nostalgia del pasado, no fue suficiente para impedirles obedecer la voz imperativa del cielo.

---

[2] Gal 1, 14.
[3] Cfr. Mc 7, 9.
[4] Fil 3, 5-7.

John Henry Newman (1801-1890), converso del Anglicanismo en el año 1845, y creado Cardenal por León XIII en 1879, se apeló con frecuencia al caso de San Pablo, para responder a objeciones y críticas de sus antiguos correligionarios. Le reprochaban éstos que abrazar la fe católica, después de haber llevado a cabo los pasos de acercamiento que lo hacían posible, suponía en él una palmaria deslealtad a la Iglesia de Inglaterra, en la que había nacido como cristiano, que le había proporcionado la notable madurez espiritual que poseía, y que era además la religión nacional.

Newman pensaba que la historia de su conversión presentaba destacados rasgos de afinidad con la de San Pablo. Ambos habían sido personas de importancia en sus respectivas familias religiosas, y había sido precisamente el celo desarrollado en favor de la propia religión, el que les había conducido inesperadamente a abrazar la Fe que criticaban y perseguían.

Newman consideró que había actuado honradamente, movido por una fidelidad aún mayor de la que debía a la religión de los suyos: por la fidelidad que debía a la verdad y a su propia conciencia. El Calvinismo, y luego el Anglicanismo, habían desempeñado en su desarrollo espiritual, a través de mentores y consejeros inolvidables, un papel decisivo. Las verdades, convicciones y sentimientos cristianos fueron creciendo en su alma de modo gradual y armónico. Vivió por sí mismo la experiencia de que «un carácter cristiano es producto del tiempo»[5] y que «en un mundo más elevado ocurre de otro

---

[5] *Parochial and Plain Sermons*, vol. I, London 1970, 232.

modo, pero aquí abajo vivir es cambiar, y ser perfecto significa haber cambiado a mejor con frecuencia»[6].

Pudo avanzar así desde el «sencillo evangelismo» de su juventud, hasta la convicción y seguridad finales de que la Iglesia Católica Romana era el único y verdadero redil de Jesucristo.

Newman no se cansó de afirmar después de su conversión, que toda persona que llegaba a estar segura en su mente de que la Iglesia romana es la Iglesia fundada por Jesús, corría un gran riesgo espiritual si no se decidía a dar el paso de la conversión. Esta era exactamente la situación anímica, bien conocida por él mismo, de muchos anglicanos que habían militado en el Movimiento de Oxford, a los que Newman hacía considerar que el destino natural y coherente de sus empeños y metas espirituales era la Iglesia Católica.

Estos consejos ardientes y comprometidos venían de alguien, como Newman, que antes de convertirse apenas había tratado con católicos, no tenía experiencia alguna del ambiente y la sociología de quienes iban a ser sus hermanos en la fe. Newman insiste en sus escritos en el hecho de que toda conversión verdadera exige cruzar tres fronteras: hay una conversión intelectual, que acepta la verdad de los artículos católicos de fe; una conversión moral, dado que la aceptación del Credo católico presupone unas bases de orden ético, que llevan a modificar la conducta y a adoptar un modo nuevo de vivir. A una persona que no está dispuesta a abandonar hábitos inmorales «no le interesa» que la Fe católica sea verdadera.

---

[6] *Ensayo para el Desarrollo de la Doctrina Cristiana*, ed. 1894, 40.

Hay finalmente una conversión afectiva, que fue la más difícil y costosa para Newman. Puede decirse que este obstáculo imprimió un ritmo relativamente lento al camino de conversión de Newman, sin detenerlo en ningún momento. Hubo de abandonar no sólo un lugar eminente en Oxford y en la Comunión anglicana, que era su hogar espiritual y humano. Se vio también obligado a renunciar al contacto con la gran mayoría de sus colegas, amigos y familiares; y pasó a ser tenido por un extraño en los mismos lugares y ambientes que le habían permitido respirar y vivir humanamente antes de la conversión.

Newman obró siempre según una idea dinámica de la empresa espiritual que era el Movimiento de Oxford, comenzado doce años antes de su conversión. Se ponía en marcha un proceso moral en el que no podían preverse al principio sus fases, su ritmo, y su trayectoria, tanto corporativamente como en los individuos. Otros fundadores e impulsores del Movimiento, como Edward Pusey y John Keble no compartían la visión de Newman. Consideraban el Movimiento como algo estacionario, destinado únicamente a reformar la decaída Iglesia Anglicana.

Estos amigos de Newman permanecieron fieles al Anglicanismo, y pensaban que su ilustre colega aplicaba una lógica demasiado implacable en el desarrollo de sus opiniones religiosas, que es el asunto de la *Apologia pro Vita Sua* (1864). Se esforzaban en hacer ver a Newman que para resolver el dilema «Anglicanismo o Iglesia Romana» no debía conducirse tan racionalmente. Los anglicanos más agudos e imparciales hubieron de reconocer, sin embargo, que, al hacerse católico, Newman superó en coherencia a sus amigos que no dieron ese paso.

Durante una seria enfermedad sufrida en Sicilia en la primavera de 1833, Newman repetía con frecuencia: «Nunca he pecado contra la luz». Un principio capital de su teología y de su vida era que para ser bueno no hacía falta saber mucho, y que lo importante era actuar conforme a las luces recibidas interiormente, que se tenían en ese momento. Obrando así estaba asegurado el avance espiritual hasta donde Dios quisiera; porque la persona recibiría continuamente de lo alto nuevas gracias y nuevos conocimientos, en las sucesivas etapas de su vida: Newman actuó siempre conforme a esta convicción, y así pudo desarrollar su fidelidad, no como una vía media, sino como una vía última de respuesta a Dios.

Era consciente a la vez de que la fidelidad religiosa al Anglicanismo era lo más apropiado para personas de su familia, y para algunos amigos. En cualquier caso, nunca se permitió ningún juicio reprobatorio respecto a sus colegas que él movió a la conversión con sus palabras, escritos, y ejemplo personal, pero que se negaron a hacerse católicos.

Los principios y criterios implícitos en las ideas y conducta de Newman, y de muchos hombres de todos los tiempos, dejan a salvo, como es lógico, que alguien se sienta interiormente obligado a mantener vínculos religiosos tradicionales, y que lo haga de modo sincero y legítimo.

Hay situaciones y coyunturas en las que una persona cree actuar con conciencia recta cuando decide no dar el paso de la conversión, porque siente interiormente que una decisión semejante equivaldría realmente a desamparar la comunidad digna en la que siempre ha vivido. En casos semejantes existe una presunción de rectitud y sinceridad en quien actúa, lo cual obliga a omitir el juicio y respetar la conciencia. El interesado podría haber hecho lo mejor, teniendo en cuenta todas las circunstancias, y haber alcanzado una difícil meta espiritual.

Parece que numerosos judíos que, antes de la segunda guerra mundial, habían adquirido sólidos sentimientos y convicciones cristianos detuvieron el proceso de conversión a la fe católica por solidaridad con sus hermanos de religión y raza perseguidos por el Tercer Reich. Suele mencionarse entre otros, el caso del filósofo francés Henri Bergson (1859-1941), que al parecer se sentía católico en su corazón.

Los ideales sociales (modas, etiquetas, convencionalismos, formalismos vacíos, etc.) se asemejan en algunos aspectos a las tradiciones en su capacidad de motivar falsas e injustificadas fidelidades. Los usos de un ámbito social —alto o bajo— pueden engendrar dependencias en quienes lo frecuentan, que equivalen con frecuencia a una verdadera esclavitud psicológica. Cualquier ámbito social posee severos códigos de comportamiento, que alcanzan los detalles más nimios, exigen una observancia estricta, y cuentan con auténticos «maestros de ceremonias», que velan por el cumplimiento escrupuloso de la normativa establecida, a pesar de su banalidad.

El altruismo y la amistad son ricos en caricaturas y deformaciones de la fidelidad, y en producir autoengaños de orden moral en muchos que parecen obrar sinceramente movidos por esos sentimientos. Quien facilita lugares, dinero, o conexiones sociales, para que un amigo o un conocido ofenda a Dios, y viole la justicia o la caridad debida a otros, no puede invocar la fidelidad o el desinterés de la amistad como motivos de su conducta.

El laudable deseo de fidelidad a las órdenes de un superior jerárquico (ejército, organizaciones militarizadas, cadena de mando de una empresa, etc.) exige en el sujeto que debe obedecer distinguir entre legalidad y legitimidad del mandato recibido. No todo mandato formalmente legal o correcto equivale a un mandato realmente lícito. La legalidad supone que una orden procede de quien puede darla, según las normas positivas vigentes dentro de una sociedad o un grupo determinados. Pero nada indica sobre la adecuación de fondo a criterios de justicia, bien y verdad. Un precepto o mandato que no tenga en cuenta estos valores fundamentales no puede obligar en conciencia, porque no es legítimo. La fidelidad se debe a lo que es legítimo, pero no ha de prestarse necesariamente y en cualquier caso a lo que es simplemente legal.

El crecimiento de la omnipotencia jurídica del estado moderno, la arbitrariedad de regímenes despóticos, la cruel desenvoltura de ejecutores que aplican cualquier ley con la conciencia dormida y sin atención a ningún principio moral, constituyen en muchas ocasiones el marco ordinario de la vida social y política.

Las tragedias del siglo XX, que han producido crímenes y sufrimientos indecibles en millones de seres inocentes, derivan en gran medida de la maldad de gobernantes maquiavélicos, y también del servilismo incondicional de personas que se sentían o creían obligadas a obedecer. Realizada por convicción ideológica, por lealtad nacional, por inercia, o por temor, la acción malvada de esos ejecutores imprescindibles, no era en realidad una expresión de fidelidad a las órdenes recibidas sino colaboración directa a un mal infligido injustamente.

Muchos de los acusados en procesos más o menos recientes contra hombres o mujeres denominados «criminales de guerra», o contra individuos que habían perpetrado «crímenes contra la humanidad», se han defendido con frecuencia invocando órdenes recibidas a las que no podían desobedecer. Pero esa invocación de una fidelidad digna de mejor causa, no podía eximir de responsabilidad moral a quienes habían sido instrumentos directos de acciones en sí mismas criminales. Cualquier hombre de conciencia normal habría tenido, por lo menos, dudas serias acerca de la moralidad y de la humanidad de sus actos, y habría tratado de desvincularse cuanto antes de un curso de semejante acción.

La obediencia a órdenes crueles o inmorales no expresa fidelidad. Porque hay que obedecer a Dios y a la propia conciencia antes que a los hombres.

Tampoco expresa fidelidad la obediencia a leyes injustas o a una normativa determinada que no admite cláusula de conciencia. Un médico no debe practicar un aborto, aunque venga solicitado por un ciudadano en ejercicio de su derecho legal.

Los revolucionarios que, por diversas razones, persiguen en un país la configuración, más menos violenta, de un nuevo orden político-social, pueden obrar en muchas ocasiones por fidelidad a la justicia y a un auténtico espíritu de servicio al bien común. La historia demuestra, sin embargo, que el espíritu revolucionario que busca la subversión completa de una sociedad, no siempre actúa por los más nobles motivos.

Entre los hombres y mujeres dedicados en cuerpo y alma al mito de la revolución abundan los odiadores y los resentidos. Suelen obrar, a veces abnegadamente, no tanto por un sentido de justicia y del bienestar nacional, como por un ideal abstracto y deshumanizado, vinculado siempre a la afirmación absoluta y egolátrica del yo. La causa u objetivo noble de la justicia, la libertad, o la independencia, si existen al principio en alguna medida, terminan convirtiéndose muchas veces en un mito o un eslogan, y al final se esfuman sin remedio.

No sirve decir, por ejemplo, que Lenin actuó por idealismo y fidelidad a la Revolución y al pueblo ruso, y no para enriquecerse. Es una apreciación que deforma la realidad, porque la entrega de Lenin a su causa estaba envenenada en la raíz por los falsos ídolos que había elegido como fin y razón de su vida. Había en su conducta mucho más de impulso malvado que de sentido moral del deber.

Motivos sociales, políticos y económicos suelen privar en muchas ocasiones a personas corrientes del verdadero espíritu de fidelidad a lo fundamental, y hacerles distraídos e inseguros en sus criterios morales, así como vacilantes acerca de las razones por las que viven.

La verdadera fidelidad exige al hombre resistir la inclinación natural a reivindicar de cualquier modo el honor y la honra; a observar las tradiciones, sin discriminación previa sobre su valor moral; a vivir de manera irreflexiva y superficial el altruismo y la amistad; a obedecer lo mandado sin sentido crítico acerca del contenido moral del mandato, y a cumplir cualquier ley, que aunque venga adornada, como toda norma promulgada legalmente, de una presunción de legitimidad, podría no contribuir al bien común.

No estamos ante un ejercicio razonable de la fidelidad en la aplicación y en el cumplimiento fanáticos de la ley, por parte de quienes obran según el principio *fiat iustitia, pereat mundus*. Un típico ejemplo literario de obsesión porque se cumpla la ley, sin atención alguna a consideraciones elementales de equidad y de justicia bien entendida, es el inspector Javert, de *Los miserables* de Víctor Hugo.

Este policía celoso hasta el extremo por la letra de la ley, y por su propio orgullo profesional, consigue con esfuerzos ímprobos, y favorecido también por la suerte, seguir la pista de Jean Valjean. Valjean había sido condenado muchos años atrás por un delito de robo, pero después de múltiples peripecias y huir varias veces de la prisión, se había regenerado y convertido en un hombre respetable y respetado. En el accidentado curso de la novela, Jean Valjean había llegado incluso a salvar la vida de su implacable perseguidor.

Incapaz de reconciliar su deber policial, que era para Javert una especie de Dios, con la idea irrebatible de que Valjean se había hecho un hombre honesto al que debía la vida, el inspector se arroja al río Sena con las manos atadas.

III. Lealtad y fidelidad

La lealtad y la fidelidad son dos virtudes de la persona humana que en el uso común de los términos pueden resultar equivalentes. Muchos aspectos de la lealtad pueden decirse asimismo de la fidelidad, y en cualquier caso, las áreas semánticas de ambas vienen a coincidir. Una definición adecuada de la lealtad puede servir también como definición de la fidelidad y viceversa.

Cabe afirmar como regla prácticamente general, que lealtad y fidelidad son lo mismo tanto en el lenguaje literario como en el popular. El lenguaje teológico, preocupado por una mayor precisión, acostumbra a distinguirlas con relativa claridad, mientras que el lenguaje de la filosofía suele emplear los dos términos de modo indistinto. El área lingüística cultural anglosajona tiende a usar la palabra *loyalty*, para significar ambos conceptos. El término fidelidad (*fidélitè*, *fedeltà*) predomina, en cambio, dentro del mundo cultural latino.

Atentos, sin embargo, a la diferenciación entre lealtad y fidelidad, podríamos definir la primera como la actitud consciente o espontánea de cumplir los compromisos adquiridos, y atenerse a la palabra dada expresa o tácitamente.

La fidelidad sería la voluntad libre, firme y constante de mantenerse activamente vinculado a personas, ideales, y modos de vida, legítimamente aceptados, a pesar de la erosión del tiempo y de los obstáculos interiores y exteriores, que suelen ocasionar de modo natural cambios en el querer.

Naturalmente muchas personas que leyeran esta última definición podrían pensar fácilmente en la lealtad. A diferencia de ésta, la fidelidad contiene o implica una cierta sanción y un horizonte religiosos. La *fides* pagana presagia en este aspecto la fidelidad cristiana. Ambas hunden sus raíces en lo sagrado.

Los cristianos suelen situarla teológicamente en el ámbito de la virtud de la justicia. El hombre está obligado a cumplir lo que prometió. De otro modo ha de ser considerado infiel[1].

Junto con la justicia propiamente dicha, y con el amor, la fidelidad es uno de los pilares de la vida en sociedad, y también de la vida cristiana considerada en su conjunto. La fidelidad no es una mera ausencia de abandono, descuido, o traición. Supone una actitud positiva que nace, se mantiene, se nutre, y crece de modo gradual en el hombre y en la mujer fieles. No es una disposición estática. Se trata de una tendencia del alma, más que de un *estado*. Porque es dinámica y creativa.

La fidelidad verdadera habla el lenguaje del amor, que es su mejor código para expresarse y entenderse a sí misma. Se proyecta por esencia al más allá; y como le ocurre a la vida cristiana, se halla dominada por una orientación escatológica. Es una virtud que testimonia, ya entre

---

[1] *Infidelis*: *Summa Theologiae*, 2-2, 110, 3.

nosotros, la presencia en la tierra de los bienes y anticipos del Reino.

La fidelidad se construye y vive sobre el suelo de la lealtad, y ambas respiran el mismo aire de pureza, desinterés, y a veces abnegación.

La persona leal es el sujeto humano de buena ley, el hombre o la mujer que son fidedignos, «legales», «íntegros», y honestos al desempeñar sus tareas y relacionarse con los demás. Es la persona recta y firme. Mucha gente leal considera y justifica su propia lealtad como el ejercicio espontáneo de preferencias personales sinceras y auténticas; y no piensan demasiado en ella como valor humano que es también trascendente. Pero en la conducta del hombre leal puede latir un afán legítimo de autosuperación.

La picaresca popular, que suele tirar hacia abajo y tiene una idea mezquina del ser humano porque carece de grandeza, no exalta, sino que rebaja al hombre leal. Lo muestra el refrán que dice: «no vive más el leal que cuanto quiere el traidor», lo cual viene a significar que el hombre bueno sufre fácilmente las intrigas del alevoso, o que la persona leal es demasiado noble para vivir en este mundo corrompido. Pero basta la existencia frágil y fragmentaria de la lealtad entre los humanos, para que esa virtud entre a ser, con otras, sal de la tierra.

De modo natural y espontáneo, esperamos lealtad hacia nosotros, y por lo menos algo de nobleza, por parte de quienes nos rodean, aunque nuestra relación con ellos se desenvuelva a un nivel elemental. Es como el reconocimiento básico tributado por un ser humano hacia otro ser humano. Existen comportamientos malévolos hacia nuestra persona que uno no se espera de un semejante, y que producen una dolorosa extrañeza. ¿Por qué me golpeas? ¿Por qué me ofendes? ¿Por qué me engañas? La común humanidad, al menos, haría confiar en otro comportamiento. No se experimenta sin lágrimas la parte de verdad que contiene el triste adagio *homo homini lupus*, así como las narraciones y anécdotas de la hipocresía y de la crueldad humanas.

La lealtad se convierte durante la Edad Media en el fundamento del orden social. Es un régimen público que depende del mantenimiento de los lazos recíprocos que vinculan a soberanos y vasallos. A todos importa que se conserve la lealtad mutua, y esa conservación no se halla privada de grandeza. A través de un lento proceso de evolución, la lealtad deviene un sistema de relaciones apoyado en las virtudes morales, y especialmente en el desarrollo personal de un ánimo generoso.

La Iglesia influye muy directamente en esta evolución, y trata de conferir un valor religioso a las relaciones feudales, insistiendo en la fidelidad a los deberes que las partes contraen, y en la fidelidad a los mandatos divinos. El juramento del caballero o del vasallo reviste la dignidad de un acto religioso, y se acerca a la *caritas*. La lealtad se hace así un asunto de conciencia ante Dios, y se considera incluso decisiva para la salvación eterna.

Los tiempos modernos desplazan la vigencia de la lealtad hacia el tema de la mentira y la veracidad. Pero aparecen también filósofos y pensadores preocupados de modo especial en mostrar la centralidad de la lealtad humana como clave del espacio ético. La lealtad se entiende como la dedicación libre y práctica de una persona a una causa justa y noble. Un hombre es leal cuando ha encontrado un ideal al que entregarse; cuando practica esa entrega de manera libre y completa; y cuando lo hace de modo sostenido y constante.

Ejemplos de lealtad serían la devoción de un patriota a su país, cuando le lleva de hecho a vivir, y tal vez a morir, por él; la responsabilidad de un médico, que pone en peligro su vida en el cumplimiento de su tarea humanitaria; la dedicación del capitán de un barco que naufraga, que es el último que abandona la nave después de haber salvado al pasaje y a la tripulación.

Estos casos y otros semejantes implican en el hombre la voluntad firme de hacer el servicio al que se ha comprometido. «La causa del hombre leal es *su* causa, en virtud de la decisión de la voluntad. Su dedicación es suya, porque él mismo la ha elegido y hecho propia. Su dedicación es además práctica. Hace algo concreto, que sirve a su causa. La lealtad no es nunca simple emoción. La inclinación y el afecto pueden acompañar a la lealtad, pero nunca constituyen su núcleo. La entrega del hombre leal implica una suerte de sumisión de los deseos naturales a la causa elegida. Lealtad sin autocontrol y disciplina no es posible. El hombre leal sirve. Es decir, no se limita a seguir sus impulsos. Está atento a su causa e ideal como guías, que le dicen en todo momento lo que debe hacer»[2].

La lealtad es una de las más atrayentes virtudes humanas: un hombre leal y sincero es alguien en quien se puede confiar. Fija nuestra atención en una causa o ideal determinado que nos obliga a mirar fuera de nosotros mismos, y parece recordarnos continuamente que en ese ideal se encierra nuestra vida y la gran oportunidad de lograr la plenitud. De este modo, la lealtad y la dedicación

---

[2] J. ROYCE, *The Philosophy of Loyalty* (1908), Nashville 1995, 10.

a una causa digna resuelve, por así decirlo, las paradojas de la existencia humana ordinaria. Porque vincula hondamente el ideal externo a nosotros, al que hemos decidido servir, y la voluntad personal e interior de llevar a cabo ese servicio como sentido principal de la vida.

El ideal prohíbe dudar a quien lo persigue lealmente. Se convierte de algún modo en la conciencia del sujeto, y le dice lo que debe hacer. El hombre leal escucha y obedece, no como quien acepta ciegamente una conducta convencional, ni por temor a una autoridad externa, ni por rendir tributo a una intuición puramente personal y privada. Obedece porque se siente inferior a su causa, y cifra sus deseos más hondos y operativos en ser un instrumento sacrificado que la defienda y promueva.

La atención a los valores, la misteriosa y silenciosa vinculación a los demás, la solidaridad innata con los otros miembros de la especie humana, que comparten nuestra suerte y destino, son constantes que nunca llegan a ser neutralizadas del todo por el egoísmo instintivo, que es también una de las formas biológicas de conservación en el hombre.

La vida humana discurre en un clima de tensión, precisamente entre el impulso de lealtad y de servicio a lo que nos es afín, y la afirmación de lo meramente propio. El crecimiento de la conciencia y de la individualidad suele agudizar esa tensión pero crea asimismo las condiciones de madurez psicológica y humana para resolverla adecuadamente.

Lealtad y fidelidad son de hecho inseparables dentro del sujeto que las vive habitualmente. La fidelidad presenta una motivación religiosa, y se nutre de energías que no derivan únicamente del sujeto, ni tampoco de la sociedad que le rodea. Podría decirse que es como el desarrollo de la lealtad, que se sitúa a un nivel más elevado y a la vez más profundo. La lealtad se desarrolla en el plano ético, mientras que la fidelidad se desenvuelve en un plano religioso. En realidad se funden en las actitudes del hombre y la mujer que las viven.

Puede afirmarse que la lealtad constituye la base humana y natural de la fidelidad. Un acto de fidelidad incluye necesariamente y presupone una actitud leal, así como la infidelidad puede considerarse deslealtad. Naturalmente la fidelidad perfecciona y consolida la lealtad, porque la sitúa en un nivel superior, y sobre todo porque la protege de las vacilaciones y fragilidades que son propias de la naturaleza y de la condición humanas. El hombre más leal puede dejar de serlo. La lealtad no goza de las promesas de fortaleza y constancia que son propias de la fidelidad, cuyas garantías no están principalmente en el hombre, sino en Dios.

IV. El despliegue de la fidelidad

La fidelidad en sí misma no existe en realidad. El hombre es fiel o infiel a alguien o a algo. Ser fiel no es una cualidad abstracta de la persona. La fidelidad existe siempre con un contenido actual y concreto. Pero los elogios a la fidelidad en sí misma no se hallan desprovistos de significación. Apuntan a animar a las personas a continuar viviendo de acuerdo con las opciones nobles y acertadas que hicieron en el pasado, y con las situaciones que viven en el presente.

La fidelidad se halla oculta con frecuencia entre los pliegues de otras virtudes, pero se la percibe claramente cuando se manifiesta en sus consecuencias prácticas y cotidianas de estabilidad, constancia, permanencia, e identidad del sujeto consigo mismo. Estar al cargo de la vida de otros, o tener que ver con esas vidas, física o moralmente, es una ocasión permanente de fidelidad y lealtad.

El hilo conductor de estas páginas es la fidelidad hacia toda la creación. Son fidelidades a Dios, a los seres, a las cosas, a los lugares, a la palabra dada, que hay que descubrir y construir sin cesar.

1. Fidelidad biológica y familiar a las propias raíces

Existe en el ser humano una raíz de fidelidad que podríamos denominar biológica, equivalente al apegamiento y a la solidaridad instintivos respecto a los demás miembros de su especie. Mantener la fidelidad a los vínculos simplemente naturales con los demás hombres se percibe como un bien para la persona. Lo que es bueno y provechoso para el conjunto o el grupo humano es bueno para mí, y viceversa. Es una fidelidad espontánea, apenas razonada, que nace de impulsos naturales, y se mantiene contenida en hábitos más o menos conscientes. Es como la consecuencia que resulta automáticamente de la inserción del hombre en un grupo o comunidad.

No se trata naturalmente de fidelidad en el sentido fuerte del término; pero se le asemeja, y obedece a mecanismos necesarios que presentan analogías con aquélla. Se diría que es una fuerza elemental de la vida, porque la entera humanidad, o una comunidad determinada de ámbito restringido, compuesta de seres semejantes, es como un hombre.

Se trata desde luego de un instinto gregario, que debe ser todavía elevado a un nivel superior de conciencia y de sensibilidad. Porque el mismo ser humano que contempla a un semejante como alguien al que debe ayudar, podría considerarle también, si pertenece a otro grupo, como un competidor y un enemigo, del que ha de protegerse o al que debería eliminar. La fidelidad del hombre al grupo y a quienes lo forman, es en realidad un producto de la civilización y del desarrollo anímico y espiritual del ser humano.

El comportamiento o los automatismos de algunas especies animales ofrecen a veces, en aspectos determinados, «analogías llamativas con las vinculaciones humanas, o prefiguraciones de éstas»[1]. Suele mencionarse el apegamiento y el seguimiento del perro respecto a su amo, que se cita frecuentemente como expresión de fidelidad, entendida ésta, al menos, como un impulso radical o un sentimiento. La relación con el amo no solamente domina en este caso la entera organización psíquica del animal, sino que parece formar parte de su «ontología», porque el perro necesita ejercer habitualmente su apegamiento al dueño, sencillamente para poder vivir. No es una fidelidad reflexiva, sino instintiva, y absoluta en su carácter elemental.

Se dice que cuando Napoleón Bonaparte llegó a Egipto a finales del siglo XVIII, los notables del lugar tuvieron a bien hacerle el regalo de un individuo que consideraban *un hombre fiel*. Hicieron tal presente a Napoleón porque ésa era la cualidad que más se estimaba entre ellos. Aquel hombre entró desde entonces al servicio de su nuevo amo, al que seguía como si fuera su sombra. Sin aceptar necesariamente lo verídico de este episodio, no puede evitarse la impresión de presenciar un tipo de fidelidad que se asemeja un tanto a la perruna. Lo cual indica que la comparación con los animales en este terreno es susceptible de un doble sentido. Pueden existir en el hombre hábitos de fidelidad que todavía no han sido suficientemente personalizados, ni han recibido una configuración que deba considerarse plenamente humana.

La fidelidad del hombre y de la mujer a sus propias raíces familiares, a su estirpe y a su tronco genético, contiene ciertamente un poderoso elemento biológico, que

---

[1] M. NÉDONCELLE, *Fidelité*, Catholicisme, vol. 4, 1956, 1264.

es condición indispensable de esa fidelidad. Pero hasta en la fidelidad familiar el hombre se separa consciente y reflexivamente de los meros lazos de sangre, aunque los integre en sus sentimientos y convicciones. La fidelidad biológica es humanizada y personalizada. Es decir, se hace libre con todas sus consecuencias. El desarrollo armónico de la persona puede exigirle en ocasiones la «infidelidad» a lo puramente biológico, y una decidida desvinculación respecto a lo primario y a lo anterior.

Es necesario apartarse de la naturaleza y superarla, para comprometerse personalmente, es decir, libremente. La fidelidad personal empieza con una ruptura con las exigencias puramente vitales, si bien el espíritu no abandona la vida ni la olvida.

El parentesco es, en cualquier caso, dentro de todas las sociedades un modo y un sistema muy importante de relación. Predomina en sociedades sencillas sobre otros modos de establecer relaciones. En comunidades más complejas, que mantienen, sin embargo, valores tradicionales, el parentesco suministra un rico vocabulario relacional («tíos», «abuelos», «hermanos»...), que puede extenderse ficticiamente a personas que no pertenecen a la familia.

La particularidad de las relaciones de parentesco consiste en su ambigüedad. Su virtud y su defecto es que son independientes de la voluntad del individuo, y que, por lo tanto, se dan por supuestas. Suponen una ayuda a la persona, pero son también origen de tensiones y crisis. Tendemos a valorar la familia como uno de los ámbitos donde el individuo puede contar con el apoyo incondicional de los otros del grupo familiar. Esa misma situación de interdependencia se puede percibir también, sin embargo, como una amenaza y un peligro para la independencia, verdadera o falsa, de la persona.

2. Fidelidad a los amigos y colegas

El deber de lealtad y fidelidad a los amigos es una de las constantes en la historia espiritual de la humanidad. Uno no elige a sus familiares, pero sí escoge a sus amigos. Hay entre las personas unidas por la amistad una particular afinidad electiva, que convierte esa relación en una de las más humanas e indispensables. No se debe fidelidad a una multitud amorfa, sino a personas concretas.

La idea de amistad ha sido propuesta y elaborada por Aristóteles, desarrollada principalmente por Cicerón, y vivida durante siglos en el marco de la concepción cristiana de la persona. La idea tradicional y clásica de la amistad incluye tres componentes. Los amigos han de encontrarse bien en mutua compañía; deben obtener un provecho humano y espiritual; y han de compartir un cierto compromiso común con ideales elevados.

En una cultura como la nuestra, dominada por un individualismo pragmático, resulta fácil entender los dos primeros aspectos de lo placentero y lo útil. Pero no debe olvidarse que uno de los principales deberes de los buenos amigos es ayudarse recíprocamente a devenir mejores personas. Uno piensa en un nivel moral determinado para el amigo, y desea alcanzarlo él mismo con su ayuda. Lo opuesto al amigo es el adulador, que dice al otro lo que éste quiere oír, y le oculta habitualmente la verdad. Según la noción y la práctica verdaderas de la amistad, uno ama al amigo, pero ama sobre todo el bien moral y la virtud que hay en él.

Para los autores clásicos, los amigos son «participes curarum», personas que comparten inquietudes, alegrías, ilusiones, y preocupaciones. Dice San Agustín: «no hallamos mejor consuelo, entre las agitaciones y penalidades de la sociedad humana, que la fe sincera y el mutuo amor de los buenos y auténticos amigos»[2].

El mismo Agustín no puede menos que agradecer a Dios los amigos y hermanos en el espíritu que le ha dado, y afirma que, entre todas las cosas de la vida, solamente la salud y la amistad son deseables por sí mismas. «La amistad que más nos seduce es aquella que viene a nosotros con toda pureza y sencillez. Cuando poseemos tales amigos, hemos de rogar a Dios que nos los conserve, y cuando no los tenemos, hay que pedirle que nos los envíe».

No siempre sabemos cómo nace y se consolida una amistad. Pero lo cierto es que, una vez nacida, une estrechamente a hombres de todas las razas y condiciones. Surge a veces en poco tiempo, mientras que en otras ocasiones necesita una gestación de años. Está hecha de hondos y tácitos acuerdos espirituales y humanos, de afectos, atenciones, y solidaridad. Puede decirse que corona y perfecciona la fraternidad e incluso la relación matrimonial. Si los hermanos o los cónyuges no son además amigos verdaderos, la relación puede ser muy frágil.

Un amigo es un don precioso, y una singular oportunidad para la vida. Quien se ocupa exclusivamente de sí mismo y de sus cosas no es digno de un amigo. Porque cuando se le pide a un amigo que acuda dice que sí, y sólo pregunta *adónde*, nunca pregunta *por qué*. Amar a otro y dejarse querer son actos sencillos, accesibles a todos, pero

---

[2] *La Ciudad de Dios*, 19, 8.

son también actos complejos en los que cada uno compromete todo o casi todo lo que constituye su humanidad, su fuerza de vivir, sus debilidades, sus vacilaciones.

Un tiempo de crecimiento y de maduración es necesario en la amistad, para que ésta se haga fecunda y fuente de felicidad. Crecer, madurar, y amar a otros son movimientos inseparables. El buen amigo acepta cambiar mediante la relación que mantiene con el otro. Acepta despojarse de presuntas certezas y de prejuicios, y abrirse a nuevos horizontes que el amigo revela. La amistad humaniza y hace más espirituales. En ella hay una cierta autoexpropiación a favor de otros.

Jesús de Nazaret vivía todas las cualidades humanas con un inigualable grado de intensidad, y nos ha dejado en los Evangelios un cuadro impresionante de lo que es vivir la amistad con todas sus consecuencias. Al llevar a cabo un acto definitivo de fidelidad a Lázaro, devolviéndole la vida, puede decirse que Jesús aceleró la cadena de episodios que conducían a su propia crucifixión. Resucitando a su amigo, Jesús firmó, por así decirlo, su sentencia de muerte. «Entonces —leemos en San Juan— los sumos sacerdotes y los fariseos convocaron consejo y decían: ¿Qué hacemos? Porque este hombre realiza muchas señales... desde este día decidieron darle muerte»[3].

En la línea de la amistad, aunque en nivel distinto, se sitúan los compañeros y colegas. Estas relaciones son muchas veces la antesala de grandes amistades que surgen imperceptibles, lenta y espontáneamente. Una guía de jóvenes exploradores católicos de un país europeo, incluye

---

[3] Juan 11, 47. 53.

la siguiente plegaria: «Señor, he comprendido que, solo, nunca llegaría, y me has concedido el don de estar en un equipo de compañeros. Haz que los demás acepten la lentitud de mi caminar, y haz también que yo me adapte con paciencia al paso de ellos. Hazme suficientemente humilde para conceder a los otros permiso para ayudarme...»

La fallida y trágica expedición a la Antártida, emprendida por el británico Robert Scott en el año 1911, constituye un sorprendente ejemplo de compañerismo, serenidad y solidaridad humana. Cinco miembros del grupo habían alcanzado el polo sur, después de incontables esfuerzos y penalidades, el 17 de enero de 1912. Se trataba de R. Scott, E. Wilson, H. Bowers, L. Oates, y E. Evans. Exhaustos tras una marcha de ochenta días, iniciaron el viaje de retorno en medio de un clima imposible. Evans murió el 17 de febrero. La comida y los combustibles se habían acabado. Al límite de sus fuerzas y confiando en ayudar a sus compañeros con su propia desaparición, Oates se creía un peso muerto, y se ausentó libremente para perderse en una terrible tempestad de nieve.

Los tres supervivientes continuaron durante 16 kilómetros, pero hubieron de permanecer dentro de la tienda para esperar allí la muerte. Scott escribió la entrada final de su diario el día 29 de marzo. Decía así: «Hemos intentado diariamente dirigirnos a nuestra base, distante once millas, pero en el exterior reina un torbellino de viento y nieve... Aguantaremos hasta el final, pero nos debilitamos gradualmente, y el fin no puede estar lejos. Es lástima, pero pienso no poder escribir más.»

«La amistad es el coronamiento de la maduración afectiva, y se diferencia de la simple camaradería por su dimensión interior, y por una comunicación que favorece y permite la verdadera comunión recíproca, generosa, y estable. La educación de la amistad deviene así un factor de gran importancia para construir la personalidad en su dimensión individual y social»[4].

3. Fidelidad cívica a la comunidad política, a la nación, y a la patria

Solemos llamar patria a una comunidad cuyos miembros se hallan unidos por la sangre, la tradición, y la historia común. La relación del individuo con su patria, que constituye el núcleo de sus raíces, se funda en un principio de *solidaridad*. El individuo sabe que la comunidad, como *un todo*, le es inherente, y percibe y siente su sangre, por así decirlo, como una parte de la sangre ideal que circula por las venas de la comunidad. Considera también sus valores personales como aspectos de los que viven en el espíritu comunitario. El individuo aparece así como un órgano y un representante de la comunidad.

La comunidad patria es una realidad radical, y no se funda en la acción recíproca y contractual de los individuos que la componen. Los valores comunitarios no son sólo la suma aritmética de los valores de que el individuo se encuentra adornado.

El instinto patrio es uno de los bienes de la persona. Supone un sentido de pertenencia a algo mayor que la propia individualidad, y ayuda ciertamente a vivir como

[4] Congregación para la Educación Católica, *Orientación sobre la educación del amor humano.*

ser humano. «El día en que perdí mi pasaporte —escribe Stephan Zweig— a los 58 años de edad (después de la ocupación de Austria por el tercer Reich), descubrí que con su patria pierde el hombre algo más que un trozo de tierra delimitado»[5]. El mismo autor describe más adelante con trazos dramáticos y elocuentes, la suerte apátrida y exodal que vivía por aquellos tiempos el pueblo judío antes de haber descubierto que su patria era la Palabra (Steiner), o el nuevo estado de Israel.

Dice Zweig: «Los judíos del siglo XX hace ya tiempo que han dejado de constituir una comunidad. Carecían de una fe común. Sentían su condición de judíos más como carga que como timbre de orgullo, y no tenían conciencia de misión alguna que cumplir. Vivían apartados de las leyes de sus Libros, en otro tiempo sagrados, y ya no amaban su remoto idioma común. Su afán cada vez más impaciente fue el de adaptarse a la masa común, quedar en paz y a salvo de toda persecución, descansar en la huida eterna. De esta suerte, los unos ya no comprendían a los otros, refundidos como estaban con los demás pueblos; mucho más que judíos, eran desde hacía tiempo franceses, alemanes, ingleses, rusos. Sólo ahora, en que eran arreados y barridos como el lodo de la calle... sólo ahora se les imponía a los judíos, por primera vez desde hacía siglos, una comunidad que hacía tiempo ya nada significaba para ellos: esa comunidad del éxodo, que, a partir de los días de Egipto, retorna una y otra vez. Pero ¿por qué ese destino les está señalado a ellos, y siempre sólo a ellos? ¿Cuál era la causa, el sentido y la finalidad de tal persecución insensata? Eran arrojados de sus países de

---

[5] *El mundo de ayer*, Barcelona 1955, 383.

origen, mas no se les asignaba ninguna tierra. Se les decía: "no queremos que viváis aquí entre nosotros", pero no se les indicaba dónde podían vivir»[6].

La patria y la nación son motivos y categorías fundamentales de la literatura clásica. «La patria es la progenitora común de todos nosotros», escribe Cicerón[7]. Y en otro lugar exclama: «una sola patria abraza todos los afectos y lealtades de todos»[8]. La afirmación «quam pulchrum est pro patria mori» serviría de rúbrica escrita a la historia del cónsul romano Marco Atilio Regulo, que vencedor en la batalla naval de Ecnomus (256 a. C.) abrió el camino para la invasión romana de África. Capturado por los cartagineses en el año 255, fue enviado a Roma por sus captores, bajo palabra de volver, para negociar términos de paz. Trató con todas sus energías de que el Senado no los aceptara, y volvió a Cartago para morir en cautividad.

La identidad patria, en forma más o menos elemental y hasta primitiva, constituye para muchos pensadores la forma primigenia de identidad del ser humano. Subyace e informa, según algunos, todas las demás expresiones de la identidad personal, y sería la que habría de prevalecer en caso de conflicto entre identidades o lealtades. Muchas personas a lo largo de la historia han estado dispuestas no sólo a sacrificarse ellas mismas, sino a sacrificar también por la patria a sus seres queridos. Han colocado incluso las demandas de la nación y de la

---

[6] Ibidem, 397-398.

[7] «Patria, quae communis est omnium nostrum parens».

[8] «Omnes omnium caritates patria una complexa est», *Catilinarias,* 1, 7, 17.

comunidad política por encima de las exigencias de la religión y de la ética.

El marco fundamental para la identidad humana se compone del lenguaje y de un conjunto de símbolos culturales, que nos facilitan tomar conciencia de nosotros mismos y de los demás. La lengua vernácula no forma parte de nuestro ser natural, pero deviene una segunda naturaleza, y un contexto inevitable dentro del que pensamos, hacemos experiencias, imaginamos y soñamos. Nos proporciona una estructura básica de autoconciencia.

Pero la identidad cultural e idiomática no toma siempre la forma de identidad nacional. Durante la mayor parte de la historia humana, los horizontes lingüísticos y culturales de la gran mayoría de los pueblos se han visto limitados a las pequeñas comunidades rurales donde la gente habitaba. La aparición del lenguaje impreso añade un factor esencial para crear entre quienes lo hablan un pronunciado sentido de pertenencia comunitaria. Sobre esta base y la de otros recursos culturales pudo ya crearse gradualmente una representación y una idea compartidas de la patria, entendida como nación.

La identidad nacional proporciona una tierra que es como el gran hogar colectivo, una historia común que es propia en un alto e intenso grado, y un acceso privilegiado a una herencia cultural, junto a los medios e instrumentos para entenderla. Si la patria exige en ocasiones al ciudadano la aceptación de pérdidas y sufrimientos por su causa, facilita un bagaje de sentidos, compensaciones y premios, que no pueden surgir de la vida individual, y que permiten asumir sacrificios.

Mediante su capacidad de exigir abnegación y olvido de sí, la nación confiere a sus ciudadanos una participación en una vida que trasciende la existencia individual.

Como ocurre con otras identidades, la identidad patria nos proporciona una agenda o un programa de actuación moral determinados. Han sido precisamente la desconfianza y la insatisfacción hacia ese programa lo que ha conducido a muchos a mantener reservas acerca de las pretensiones nacionales. Nuestra identidad nacional se invoca, por ejemplo, como razón para la existencia de obligaciones especiales. El nacional tendría una responsabilidad hacia sus compatriotas que no existe con respecto a los extranjeros.

Que los connacionales resulten moralmente privilegiados por el simple hecho de serlo, resulta para algunos uno de los rasgos problemáticos del nacionalismo normal. ¿Tengo un deber moral, como miembro de una sociedad próspera, de ayudar preferentemente a mis compatriotas, cuando hay muchos otros que necesitan mi ayuda todavía más? La identidad nacional ha servido frecuentemente como motivo para ignorar exigencias morales más urgentes fuera de los límites de la propia comunidad.

Pero la nación no es la única comunidad moral que privilegia mutuas obligaciones y responsabilidades entre sus miembros, colocando en un segundo plano los deberes respecto a otros. Pertenecer, por ejemplo, a una familia, a un grupo de amigos, o incluso a una universidad, supone que uno tiene mayores responsabilidades respecto a unos que respecto a otros. Entrar en cierta clase de relaciones humanas significa reconocer que los asuntos y preocupaciones de quienes se implican en esas relaciones toman prioridad natural respecto a otras tareas y compromisos.

El alcance del tratamiento preferente demandado por la nación, por una comunidad determinada, o incluso por la familia, puede y debe limitarse por consideraciones de igualdad y de justicia. Pero que esas referencias deban a veces restringirse, no significa que no hayan de existir.

La lealtad innata a la patria y a la comunidad nacional se ha revelado a lo largo de la historia como una fuente y un soporte poderosísimos de fidelidad. Ha sido un sentimiento inextinguible que ha producido vuelcos en el curso de la historia, ha creado situaciones nuevas, y ha alimentado en millones de corazones la decisión de defender abnegadamente causas que parecían perdidas, y que, en muchas ocasiones, lo eran realmente.

«La fidelidad vence no sólo mediante el sacrificio, sino también a través del trabajo decoroso, y con la agonía de la derrota. Causas perdidas se han demostrado en la historia humana las más fecundas»[9]. Se suelen citar la fidelidad colectiva de naciones como Irlanda y Polonia a su propio genio nacional y a su religión. Pero también podría hablarse del derrotado Sur norteamericano que sigue fiel a su condición histórica de confederación y a su pasado. Y puede mencionarse el Islam Shiita, vencido por sus rivales en los momentos decisivos, pero que ha desarrollado una mística del fracaso que hoy le ayuda a vivir y a ser él mismo. Los Shiitas han hecho suya la máxima de que «es mejor sucumbir por una buena causa que ceder ante una mala».

Han existido sin duda otras causas e ideales que eran tal vez demasiado buenas y nobles para realizarse visiblemente en el curso fugaz y volátil del tiempo.

---

[9] J. Royce, *The Philosophy of Loyalty*, 164.

La enseñanza moral del Cristianismo exige el amor a la patria, como expresión de valores morales, espirituales, y culturales que el individuo necesita para su plenitud humana. El Concilio Vaticano II afirma: «los ciudadanos han de cultivar con generosidad y lealtad el amor a la patria, pero deben hacerlo sin estrechez de espíritu, de suerte que miren siempre, al mismo tiempo, por el bien de toda la familia humana, unida por toda clase de vínculos entre razas, pueblos, y naciones»[10].

La doctrina cristiana ha propuesto y propone con equilibrio los ideales y preceptos derivados de la fraternidad universal que siempre ha defendido, y a la vez la necesidad de que el buen cristiano ame a su patria como se ama a sí mismo[11].

El Papa Pío XII escribe al respecto: «No se ha de temer que la conciencia de la fraternidad universal, fomentada por la doctrina cristiana, y el sentimiento que ella inspira, se opongan al amor, a la tradición y a las glorias de la propia patria, o impidan promover la prosperidad y los intereses legítimos; pues la misma doctrina enseña que en el ejercicio de la caridad existe un orden establecido por Dios, según el cual se debe amar más intensamente y ayudar preferentemente a los que nos están unidos con especiales vínculos. Aun el Divino Maestro dio ejemplo de esta preferencia a su tierra y a su patria, llorando sobre las inminentes ruinas de la Ciudad Santa. Pero el legítimo y justo amor a la propia patria no nos debe cerrar

---

[10] Constitución Pastoral *Gaudium et Spes*, n. 75.

[11] Cfr. L. B. GILLON, *Le Sacrifice pour la patrie et la primauté du bien commun*, Revue Thomiste 49, 1948, 242-253; A. PELAEZ, *El Patriotismo y la moral según Santo Tomás*, La Ciencia Tomista, 28, 1923, 171-185.

los ojos en cuanto a la universalidad de la caridad cristiana, que nos enseña considerar a los demás y a su bienestar a la luz pacificadora del amor»[12].

En nuestros tiempos han surgido formas extremas de nacionalismo, que es objeto por algunos de un culto y de una adhesión que son prácticamente idolátricos.

El *nacionalismo* más o menos extremo tiende efectivamente a instrumentalizar la religión para sus propios fines. Se aprovecha de ella y querría sustituirla, cuando exige del ciudadano el entusiasmo, la sumisión absoluta, y la adhesión incondicional que sólo Dios y la religión tienen derecho a exigir. En países de tradición cristiana, el nacionalismo necesita hablar de Dios. Pero este término no tiene ya en ese discurso sentido objetivo alguno. Es palabra tradicional del monoteísmo que se identifica con un vago sentimiento religioso, y que se subordina, en la persona o en la comunidad, a la percepción, defensa y avance de intereses temporales, económicos, militares, etc. La vaguedad del término Dios, tan maltratado en la historia del pensamiento humano, sucumbe aquí necesariamente ante la concreción y la materialidad de bienes tangibles y terrenos.

4. Fidelidad a los compromisos libremente adquiridos que vinculan la conciencia. Matrimonio y familia que éste origina. El celibato por el Reino de los cielos

Los compromisos de lealtad y fidelidad que hemos examinado hasta ahora se originan de un modo natural y tácito, aunque puedan y deban ser ratificados ocasional-

[12] Encíclica *Summi Pontificatus* (1939), n. 20.

mente por actos expresos del sujeto. Proceden de la naturaleza misma de las cosas y de las situaciones diversas que definen la vida y condición de la persona.

Existen también compromisos expresos de fidelidad, que derivan de la palabra libremente dada, y que suelen recibir una sanción pública por parte de la sociedad, del orden jurídico, de la Iglesia, o de todas esas instituciones. Se trata entonces de un compromiso particularmente denso y vinculante, porque se aúnan en él lazos morales, espirituales, legales, y humanos de una gran intensidad. Un hecho y una realidad humanos, condensados en el amor, originan una nueva situación existencial para la persona o personas que los protagonizan y desarrollan como manera abarcante de vida, a partir de un determinado momento establecido sin coacciones por la libertad.

No nos ocupamos ahora de compromisos de orden político, social, mercantil, etc., que exigen al hombre de bien cumplir la palabra dada. Son con frecuencia acuerdos contractuales nacidos según la ley, y cuyo cumplimiento puede exigirse legalmente, aunque su núcleo es la vinculación moral adquirida por quienes han cerrado un acuerdo, firmado un contrato justo, establecido un pacto honesto, etc.

El matrimonio es la relación humana más natural, frecuente, y decisiva para el destino global de la persona. Su desarrollo y feliz realización constituye uno de esos fines intermedios en la existencia del hombre y de la mujer, que, bien logrados, conducen más fácilmente en plenitud a la vida eterna. Es así una etapa esencial en la vida de quienes lo han elegido como camino y vocación, con el fin de fundar una familia. La *fidelidad* es una virtud que se aplica habitualmente a la relación conyugal que, en medio de las contingencias, dificultades, y posibles crisis de la vida en común, se mantiene, sin embargo, estable como el primer día.

En el matrimonio, como ocurre también en el celibato por el Reino de los Cielos, se manifiesta la honda relación que existe entre el amor y la fidelidad. Puede decirse que impera una relación dialéctica entre fidelidad y amor, porque ambos valores reaccionan continuamente uno sobre el otro, se posibilitan mutuamente, y crean las condiciones más puras y excelentes para que la persona se trascienda a sí misma. El amor fiel es una exigencia radical para el ser humano, como lo son el recto uso de la razón, del lenguaje, o de la sociabilidad.

«El hombre y la mujer no pueden vivir sin amor. Permanecen para sí mismos seres incomprensibles, su vida está privada de sentido si no se les revela el amor, si no lo experimentan y lo hacen propio, si no participan en él plenamente»[13].

«¿No habéis leído —dice Jesús— que el Creador, desde el principio, los hizo varón y hembra, y dijo: Por esto dejará el hombre a su padre y a su madre y se unirá a su mujer, y los dos se harán una sola carne, de manera que ya no son dos, sino una sola carne? Por lo tanto, lo que Dios ha unido, no lo separe el hombre»[14].

La atracción del hombre hacia la mujer y de la mujer hacia el hombre permite a ambos el paso hacia la edad adulta, e implica una ruptura con la situación precedente de adolescencia.

El hombre y la mujer deben abandonar la seguridad de un medio familiar conocido, con el fin de construir,

---

[13] JUAN PABLO II, Encíclica *Redemptor Hominis* (1979) n. 26.

[14] Mt 19, 4-6.

con algún riesgo y mucha esperanza, una nueva realidad humana y un nuevo hogar, que depende enteramente de su responsabilidad y del desarrollo de su amor. En el proceso gradual que implica la creación del hogar, que es mucho más que las cuatro paredes de una vivienda más o menos confortable, tendrá lugar la lenta maduración recíproca de los dos cónyuges, y su entrenamiento humano y cristiano en la fidelidad, y para la fidelidad.

Dice Pascal que el primer efecto del amor es inspirar y nutrir un gran respeto mutuo. Es un respeto que nunca debe abandonar a los esposos. Se asocia estrechamente a la amistad que ha de existir entre ellos. Es un sentimiento y un modo de conducirse que apenas se piensan. Sobre todo se viven. Es como un desafío permanente lanzado al egoísmo y al instinto de posesión. La verdadera familiaridad puede engendrar grandes abusos y deformaciones de la relación humana. Pero es una excelente escuela de crecimiento constante en el amor, porque los grandes ideales se hallan envueltos y como escondidos en la cotidianidad respetuosa.

Hay una sencilla espontaneidad, apenas consciente, que adorna la fidelidad cotidiana. «En la medida en que lo notas, y debes contar los pasos, no estás todavía bailando sino aprendiendo a bailar. Un buen zapato es un calzado que no se siente. La buena lectura se hace posible cuando uno no necesita pensar conscientemente en sus ojos, la luz, la letra impresa, o la pronunciación de las palabras. El acto perfecto de culto tiene lugar cuando apenas pensamos en las ceremonias, y nuestra atención se concentra solamente en Dios»[15].

---

[15] C. S. LEWIS, *Letters to Malcolm*, London 1964, 12.

Todo sacramento es un acto de Dios y un acto o gesto del hombre. Entregados a la Iglesia por Jesucristo, los sacramentos son acciones litúrgicas por las que los cristianos participan en la vida de Cristo resucitado, reciben la gracia del Espíritu Santo, y toman parte en la edificación de la Iglesia. Entre los siete sacramentos, el sacramento del matrimonio permite especialmente comprender lo que es una acción sacramental: se trata de un signo del amor de Dios —es decir, de la Alianza— hacia la humanidad. En el matrimonio es el mismo Dios quien une a dos seres que se aman: un hombre y una mujer que se comprometen el uno con el otro.

Don gratuito del amor, el matrimonio es a la vez un contrato entre dos personas que deciden libremente unir sus vidas, para lo mejor y para lo peor, en la prosperidad y en la adversidad, en la enfermedad y en la salud, en la plenitud de la vida, y en la vejez.

El matrimonio no es únicamente asunto de sinceridad o un acto de quien dice: Yo creo que te amo. Es sobre todo un acto de la voluntad: Yo me comprometo a amarte, y la fuerza de nuestro amor no sólo se mide por la intensidad del momento presente, sino por nuestra mutua determinación a construirlo juntos.

Es así una promesa que se abre al futuro, y también un contrato entre un varón y una mujer. En el curso de la ceremonia, testigos y esposos firman los documentos pertinentes, donde se ratifica reflexiva y públicamente la determinación de los cónyuges. Como en todo sacramento, se unen estrechamente pasado, presente, y futuro. El matrimonio se ancla sólidamente en el querer de Dios y de Jesús que lo han instituido. Produce la gracia en el momento en que los contrayentes declaran su compromiso. Y proyecta su eficacia hacia el futuro de los esposos, y más allá del tiempo, hasta la vida eterna que la resurrección de Jesucristo ha hecho posible: *recolitur memoria passionis Eius, mens impletur gratia, et aeternae gloriae nobis pignus datur*[16].

Si es cierto que un sacramento es una participación verdadera en la pasión, muerte, y resurrección redentoras de Jesús, puede atribuirse al matrimonio, donde los esposos se hacen don recíproco de su cuerpo, una resonancia eucarística. Se afirma justamente el carácter sacramental de su unión, en una identificación profunda con Cristo, cuyo Yo divino quiere informar todo su ser: Esto es mi cuerpo, Esta es mi sangre[17].

Solamente Dios es completamente fiel. En el matrimonio se trata de vivir el don de sí al otro en todas las circunstancias. Se piensa generalmente, en primer lugar y con razón, en la fidelidad afectiva y sexual. Pero el término *fidelidad* contiene también la confianza, la mutua compañía, y la permanencia junto al otro. Se puede ser infiel por preferir el éxito, la profesión, el deporte, los hobbies, o incluso los hijos.

El celibato es un hecho social que se halla presente en todas las comunidades de todos los tiempos. Su imagen no se reduce a la de una marginalidad estéril o frívola, y se inscribe sin duda en una humanidad en busca de sí misma, de los demás seres humanos, o del absoluto.

Antes de la era cristiana, el Budismo reconocía su valor, mitad religioso y mitad filosófico, a la vida célibe; y

---

[16] Cfr. I. BAUDIN, *Fidelités*, 1993, ed. Drognet-Ardant, 127.

[17] M. ZUNDEL, *Búsqueda de la Presencia* cit. En *Fidelités*, 131.

el libro budista denominado *Vinaya Pitaka* es considerado como la primera regla monacal conocida. Las religiones greco-romanas reconocían también un valor al celibato, si bien lo hacían en el marco de una concepción negativa de éste.

El celibato se define frecuentemente en nuestro mundo actual por oposición al matrimonio. Y el célibe representa un tipo humano al que se mira a veces con alguna desconfianza, porque ha adoptado una manera singular de vivir. Sin embargo, la soledad no es lo propio ni lo más característico del hombre o de la mujer célibes. El celibato puede rimar, por el contrario, con la amistad, el don de sí, la fecundidad espiritual, y la plenitud vital.

Una reflexión más radical y profunda sobre el celibato nos lo muestra como respuesta a una llamada particular y personal de Dios, como la dirigida por Él a los profetas del Antiguo Testamento, o como la que Jesús dirige a sus discípulos en el Nuevo. En ambos casos es la voz divina la que hace el llamamiento, para confiar una misión intransferible que el llamado debe cumplir con fidelidad.

La propuesta, generalmente implícita, del celibato por el Reino de los Cielos forma parte del Evangelio de Jesús de Nazaret. «No todos entienden este lenguaje, sino solamente aquellos a quienes se les ha concedido. Porque hay eunucos que nacieron así del seno materno, y hay eunucos hechos por obra de los hombres, y hay eunucos que se hicieron tales a sí mismos por el Reino de los Cielos»[18].

Que seguir a Jesucristo en el celibato con todas sus consecuencias supone una inestimable llamada y una sin-

---

[18] Mt 19, 11-12.

gular gracia de Dios, lo indican muchos pasajes evangélicos, y particularmente un diálogo de Jesús con los jóvenes discípulos Juan y Santiago.

«Entonces se le acercó la madre de los hijos de Zebedeo con sus hijos, y se postró como para pedirle algo. Él le dijo: "¿Qué quieres?" Dícele ella: "Manda que estos dos hijos míos se sienten, uno a tu derecha y el otro a tu izquierda, en tu Reino". Replicó Jesús: "No sabéis lo que pedís. ¿Podéis beber el cáliz que yo he de beber" Dícenle ellos: "Sí, podemos". Díceles: "Mi cáliz, sí lo beberéis; pero, sentarse a mi derecha y a mi izquierda no es cosa mía el concederlo, sino que es para quienes está preparado por mi Padre»[19].

Los jóvenes Apóstoles desconocen aún el costo de seguir a Jesús, y no perciben que *cáliz* es aquí sinónimo de sufrimiento, como en Mc 14, 36. No saben el riesgo que corren si el Señor tomase sus generosas palabras al pie de la letra y les hiciera recorrer el camino tal como ellos se lo imaginan en su optimismo sin experiencia. No conocen la peligrosa naturaleza de sus deseos si Jesús no los llegara a purificar e hiciera posibles. De hecho no han comprendido del todo al Señor y sólo el tiempo y la paciente ayuda del Maestro lograrán que lo consigan.

A pesar de todo, Jesús acepta el «podemos» de Santiago y de Juan, que les llevará a la meta deseada, aunque por una vía muy distinta de lo que podían suponer sus ingenuas previsiones. A la vista del pasaje evangélico hay que decir, sin embargo, que «no es presunción afirmar *possumus!* Jesucristo nos enseña este camino divino y nos

---

[19] Mt 20, 20-23.

pide que lo emprendamos, porque Él lo ha hecho humano y asequible a nuestra flaqueza»[20].

El Cristianismo, desde sus comienzos, atribuye a la virginidad, que no es lo mismo que el celibato, un profundo sentido religioso. La virginidad expresa la fidelidad y un amor exclusivo a Dios. No encuentra su fin en ella misma, sino que constituye una respuesta al llamamiento divino. Este don de sí lleva a renunciar al uso de la sexualidad, y es vivido como un signo del Reino, y como un testimonio de abandono y disponibilidad ante la venida, siempre cercana, del Reino de Dios.

La virginidad viene a recordar que la sexualidad es una realidad transitoria y limitada. En una vida nueva, abierta por Cristo resucitado, el hombre y la mujer tendrán un cuerpo espiritual o glorificado. Así el matrimonio, como el celibato y la virginidad, no son algo definitivo. Se puede optar o renunciar a uno o a otro, según el llamamiento recibido de Dios para vivir en este mundo, con vistas siempre al mundo futuro.

5. Fidelidad a Dios en y por Jesucristo dentro de la Iglesia

La verdadera religiosidad consiste principalmente en una lealtad espiritual a Dios, que es nuestro Creador y nuestro Padre. Esta fidelidad al Señor se expresa como

---

[20] JOSEMARÍA ESCRIVÁ DE BALAGUER, *Es Cristo que pasa,* n. 15, Madrid 1997.

imperativo absoluto en la impresionante declaración de Deuteronomio 6, 4, que se halla también en la base de la predicación de Jesús: «Escucha Israel: Yahveh es nuestro Dios, sólo Yahveh. Amarás a Yahveh tu Dios con todo tu corazón, con toda tu alma y con todas tus fuerzas. Queden grabadas en tu mente estas palabras que yo te mando hoy»[21].

Puede decirse que, llevado por el amor a su Padre, Jesús el Hijo Único ha venido en primer lugar a recordar este precepto fundamental para la existencia humana. Dios, que es la Vida de nuestra vida y la condición de nuestro ser, desea ante todo mandar en nuestro corazón. *Vir fidelis multum laudabitur*[22]. La primera cualidad de un hombre justo es la fidelidad a Dios. Es la misma gran virtud que caracteriza a la mujer temerosa de Dios, es decir, a la mujer que le ama[23] y que por ello es considerada perfecta.

La fidelidad humana a Dios en el desarrollo majestuoso de la economía bíblica del Antiguo Testamento implica sumisión a un amo todopoderoso y bueno, que protege, ayuda, proporciona seguridad, mantiene sus promesas, y sobre todo salva. Pero no es una sumisión a secas. El hombre y la mujer fieles en la Biblia no son simplemente seres pasivamente sometidos a Dios. Esta idea resultaría más afín y correcta en la concepción coránica de Allah, ante quien todos los hombres son iguales precisamente en su insignificancia e imposibilidad de relacionarse verdaderamente con el Dios Altísimo.

Los hombres fieles del Antiguo Testamento son también protagonistas, bajo Dios, de la historia de la salva-

---

[21] Mt 22, 37.
[22] Prov 18, 20.
[23] Prov 31, 30.

ción. No son un peso muerto ni un lastre en el desarrollo de esa historia divino-humana. La suya es una fidelidad verdaderamente humana, es decir, activa y propia de hombres y mujeres libres e inteligentes.

El buen corazón de Abel le conduce por caminos de fidelidad y sincero homenaje al Dios que le ha creado, y lo mismo puede decirse de Noé, en quien el Señor encuentra un hombre justo en el que puede confiar para recomenzar la humanidad. En la figura de Abraham se dan cita y concentran todas las fidelidades. Dios hace Alianza con el patriarca porque éste posee un corazón fiel[24]. Una vez que ha creído en las promesas de Dios, Abraham permanece fiel a pesar de las exigentes pruebas a que se ve sometido.

El amor y la majestad de Dios son de sobra capaces de suscitar excelentes modelos de fidelidad, que con su comportamiento fiel en toda circunstancia demuestran suprema virtud, pero sobre todo proclaman, mucho mejor aún que el cielo y el firmamento inanimados, la gloria divina. Ahí vemos a Moisés, «el servidor fiel»[25], al sacerdote Sadoq y al niño Samuel, que escucha y obedece la voz de Dios mucho antes de ser profeta de Israel[26]. Vemos también a David[27], y a todo Israel cuando, en sus mejores momentos, sirve al Señor y atiende a la voz divina.

La triste y periódica infidelidad del pueblo elegido, que simboliza, en su conducta caprichosa, las veleidades

---

[24] Neh 9, 18.

[25] Num 12, 7.

[26] 1 Sam 3, 29.

[27] 2 Sam 23, 1. Ch. Taylor, *La Ética de la Autenticidad*, Barcelona 1994, 44.

humanas ante Dios, se resume a veces en personajes como Salomón, que son una advertencia divina de lo frágil que puede ser la fidelidad humana. El desmoronamiento espiritual de Salomón contrasta dramáticamente con los éxitos de la gracia, tal como los encontramos en los grandes profetas de Israel. El Nuevo Testamento es también rico en ejemplos, como muestran las figuras de Simón Pedro, María Magdalena, y tantos otros personajes que siguen a Jesús.

«Como las hermosas flores del campo que acaban, sin embargo, secas en el fuego, Salomón no acertó a retener la gloria, y se marchitó en su trono. El más sabio de los hombres se convirtió en el más brutal. El más devoto se hizo el más pervertido. El autor del Cantar de los Cantares terminó esclavo y presa de afecciones viles. "El Rey Salomón amó a muchas mujeres extranjeras... y se apegó a ellas con gran pasión. Cuando era anciano, sus mujeres inclinaron su corazón a otros dioses, como Astarté, diosa de los Sidonios, y Moloch, ídolo de los Amonitas; y siguió la conducta de sus mujeres extranjeras, que quemaban incienso y sacrificaban a sus propios dioses"[28].

»¡Qué contraste entre este apóstata de cabello gris, cargado de años y de pecados, inclinado ante mujeres e ídolos, y aquella figura juvenil y brillante que en la Dedicación del Templo que había construido aparecía como mediador entre Dios y el pueblo!

»Esta advertencia, hermanos míos, no se aplica solamente a reyes, profetas, sabios y a otras creaciones extraordinarias de la gracia divina: se aplica también a nosotros. Es verdad que cuanto más santo es un hombre y

---

[28] 1 Re 11, 1, 4, 8.

cuanto mayor es su altura en el reino de Dios, más necesita vigilar atentamente su proceder, no sea que caiga y se pierda. Una honda convicción de esta necesidad ha sido la gran protección de los santos. Si no hubieran temido a Dios, no habrían perseverado»[29].

El Nuevo Testamento nos habla del misterio de Judas y de su traición. Judas Iscariote había merecido, como el resto de sus compañeros Apóstoles, la confianza de Jesús, pero no fue capaz de superar todas las pruebas que le exigía su seguimiento incondicional del Maestro.

El Evangelio de San Juan nos relata una escena dramática, después de la promesa de la Eucaristía, en la que Pedro y los más allegados supieron estar a la altura de las circunstancias, y ratificaron su fidelidad a Jesús.

Los discípulos que, oído el discurso sobre el pan de vida, se admiran y escandalizan de su sorprendente contenido, no son los Doce, sino un grupo más o menos numeroso de seguidores. Encuentran duro el lenguaje de Jesús, no tanto porque se les haga difícil entenderlo, sino porque se ven incapaces de tolerarlo. No está en juego sólo la inteligencia, sino la disposición anímica y la sensibilidad espiritual en su conjunto.

Los Doce guardan silencio. Tampoco habrían comprendido las palabras de Jesús, pero intuyen una doctrina y una realidad sobrecogedoras de las muchas que el Maestro, de quien se fían absolutamente, va desgranando ante ellos. Algo en su interior les dice que entenderán más tarde, y que deben confiar en Jesús.

Jesús no parece sorprendido por el abandono de los discípulos, aunque no lo recibió con indiferencia, sino

---

[29] J. H. NEWMAN, *Discursos sobre la Fe,* Madrid 1981, 151.

con dolor y desilusión. Ya había dicho antes que «nadie puede venir a mí si no le es dado por mi Padre». No son la carne ni la sangre los que revelan y hacen entender, sino el Padre del cielo.

«Dijo entonces a los Doce: "¿También vosotros queréis marcharos?" Le respondió Simón Pedro: "Señor, ¿adónde vamos a ir? Tú tienes palabras de vida eterna, y nosotros creemos y sabemos que Tú eres el Santo de Dios"»[30].

La pregunta de Jesús no implica dudas por su parte acerca de la fe de los Doce. Es sencillamente una invitación a que reafirmen su lealtad. Las mismas palabras que turban a algunos, son fuente de vida para otros. Simón Pedro hace de portavoz y reafirma la disposición de todos a seguir a Jesús.

Sus palabras indican, con el ardor propio de su temperamento y lo que piden las circunstancias, que la mente de los Doce se encuentra inclinada hacia el lado de Jesús, y que ninguna enseñanza nueva del Maestro, por sorprendente y exigente que pudiera ser, hará vacilar sus convicciones.

«¿Adónde vamos a ir?» El destino de Pedro y de sus compañeros está en Jesús. Las demás opciones posibles se les antojan como vías muertas y alternativas sin sentido para ellos. No son palabras meramente pragmáticas, propias de quienes no tienen ya otras oportunidades en la vida. Es que han encontrado en Jesús y en el Reino el tesoro escondido y la perla preciosa que motiva la renuncia a todo lo demás. Su vida ya no tiene sentido sin el Maestro.

---

[30] Juan 6, 67-69.

«Nuestro Señor dijo a los Doce con gran afecto y ternura: ¿También vosotros queréis marcharos? San Pedro respondió rápidamente que no. Pero observad la razón que aduce: ¿A quién iremos? No invocó pruebas acerca de la misión de Jesús, aunque las conocía abundantemente en los milagros, etc. No eran éstas las bases en las que él se apoyaba personalmente. Eran la convicción y el sentimiento de que si no se podía confiar en Jesús, no era posible confiar en nadie de este mundo. Y esta conclusión le parece inaceptable, tanto a su razón como a su corazón»[31].

En el Nuevo Testamento se destaca con vivos colores la fidelidad de la mujer a la causa del Evangelio y a su propagación.

Entre los pocos que se convirtieron en Atenas cita San Lucas a una mujer de nombre Dámaris. Es una de las numerosas mujeres que aparecen en el libro de los Hechos de los Apóstoles, como manifestación clara de que la predicación del Evangelio era universal. Los Apóstoles siguieron en todo el ejemplo de su Maestro, quien, a pesar de los prejuicios de la época, dirigió a mujeres y a hombres por igual el anuncio del Reino.

San Lucas nos narra asimismo que cuando el Evangelio hizo su entrada en Europa, la primera en acogerlo fue una mujer. Algo parecido ocurrió entre los samaritanos, a quienes una mujer habló por vez primera del Salvador[32]. En los Evangelios contemplamos cómo las mujeres sirven al Señor, cómo están al pie de la Cruz, y las primeras junto al sepulcro vacío. Por contraste, no ha quedado

---

[31] J. H. Newman, *Discussions and Arguments*, London 1899, 249-250.

[32] Juan 4.

ningún relato en lo que se refiere a su trato con Jesús, de hipocresía, odio, injurias, deserciones, o cobardes huidas.

San Pablo tuvo una profunda comprensión del papel que la mujer cristiana como madre, esposa o hermana debía desempeñar en la propagación del cristianismo; lo cual se refleja en el tratamiento que les concede en su predicación y en sus cartas. Lidia en Filipo, Priscila y Cloe en Corinto, Febe en Cencreas, la madre de Rufo —que fue también para él también una madre—, y las hijas de Felipe el de Cesarea son algunas de las mujeres a las que San Pablo estuvo agradecido por sus ayudas y oraciones.

Estos comportamientos sencillos y profundos parecen hacerse eco de las palabras de Cristo glorioso, que en el Apocalipsis se dirige así al ángel de la iglesia de Esmirna: «Manténte fiel hasta la muerte, y te daré la corona de la vida»[33].

Juan Pablo II ha exhortado con frecuencia a vivir fidelidad a Dios, a Jesucristo, y la Iglesia. Son tres fidelidades que en realidad suponen una sola para la sensibilidad católica.

Decía el Papa en Mérida (Venezuela) en enero de 1985: «En primer lugar, *fidelidad a Jesucristo.* Es una justa correspondencia al que es "testigo fiel". Fidelidad que ha de ser fruto del amor. Bellamente ha dicho el Apóstol San Pedro en su primera Carta: "A Cristo Jesús no lo habéis visto y sin embargo lo amáis, no lo veis todavía y sin embargo creéis en él". Tal fidelidad a Jesucristo es inseparable de la fidelidad al Evangelio, al Evangelio con todas sus consecuencias.

»*Fidelidad también a la Iglesia.* Ser fieles a ella es amarla como madre nuestra que es.

---

[33] 2, 10.

»Que nos da a Cristo, nos da su gracia y su Palabra, nos alienta en nuestro camino, está a nuestro lado en las alegrías y en las penas, nos instruye en sus centros educativos, levanta su voz contra la injusticia y nos abre la perspectiva de una eternidad feliz.

»Ser fieles a la Iglesia es vivir también en íntima comunión con los Pastores puestos por el Espíritu Santo para regir al Pueblo de Dios; es aceptar con docilidad su magisterio; es dar a conocer sus enseñanzas. Ser fieles a la Iglesia es no dejarse arrastrar por doctrinas o ideologías contrarias al dogma católico, como querrían ciertos grupos de inspiración materialista o de dudoso contenido religioso»[34].

La Iglesia es en efecto para el buen cristiano el lugar privilegiado de fidelidad. En ella se esconde la auténtica fidelidad a Jesucristo, la absoluta e imperecedera fidelidad de Dios hacia el hombre, la del hombre hacia Dios, y la de los hombres entre sí. La Iglesia es como un sacramento de fidelidades. Las origina, las define, las nutre, y las conduce a su plenitud en este mundo y en el futuro.

Quien no es fiel a la Iglesia puede dudar de la sinceridad de su fidelidad a Jesucristo. El cristiano procura ser fiel a la Iglesia en la que cree y que conoce empíricamente encarnada y visible en el mundo. Es la Iglesia que existe históricamente aquí y ahora. La única que realmente conocemos.

La fidelidad a la Iglesia ha sido uno de los asuntos más incisivos y constantes en las enseñanzas de Pablo VI (1963-1968). «La Iglesia es nuestra Madre, y le debemos todo. Ella nos ha engendrado a la vida nueva de la gracia,

---

[34] *Insegnamenti*, 8, 1, 1985.

que hará posible nuestra felicidad eterna. Nos ha dado la fe, y con su magisterio nos la conserva unívoca, íntegra y fecunda. Nos ha dado la gracia. Nos ha dado la caridad, el ágape, y la comunidad de hermanos. Ella nos une, nos educa en el amor, en el verdadero humanismo, en la comprensión. Nos guía, nos defiende, y nos sitúa en senderos de esperanza. Nos anticipa el deseo escatológico de la vida futura, y nos hace pregustar la felicidad»[35].

Unos meses antes se preguntaba el Papa: «¿por qué debemos amar a la Iglesia? ¿No es la Iglesia objeto del amor de Cristo y su esposa mística? Si Cristo la ha amado tanto, hasta dar su vida por ella, y hacer de ella el término terreno e histórico de su obra, ¿no debemos también nosotros amarla con un amor semejante?»[36].

Consideraciones semejantes fueron en aumento en los discursos de Pablo VI, a medida que el Papa fue experimentando, con dolor y algo de estupor, el ambiente de crisis y de desafecto hacia la Iglesia y hacia él mismo que había comenzado abiertamente en torno al año 1970, y parecía crecer de manera dramática entre muchos sacerdotes y laicos. Nunca o casi nunca había tenido lugar un fenómeno semejante. Era precisamente el Papa del Concilio Vaticano II, el Papa de la generosa oferta de diálogo hacia dentro y hacia fuera de la Iglesia, el Papa del gobierno entendido principalmente como persuasión pastoral y nunca como coacción: este Papa tenía que sufrir en su ánimo los desencantos y las heridas de un pontificado muy diferente al que él había imaginado.

---

[35] Alocución de 15. 6. 1966. *Insegnamenti* 4, 1966, 798.

[36] Alocución de 20. 10. 1965. *Insegnamenti*, 3, 1965, 1069.

La contestación y a veces la abierta rebeldía habían invadido la Iglesia prácticamente en todos los terrenos. Apoyados por medios de comunicación hostiles a lo católico, promotores y agentes de una agitación eclesiástica sin precedentes en la historia del Cristianismo, parecían dominar el espacio público de la sociedad. Se trataba en realidad de una crisis de fidelidad de vastas proporciones.

La crisis se disfrazaba, y se disfraza también ahora, de insatisfacción hacia una Iglesia que parecería no ajustarse a las expectativas de los implacables críticos. No entienden tal vez que las posibles y deseables reformas y cambios que puedan o deban hacerse en la Iglesia —*reformata, semper reformanda*— han de llevarse a cabo desde la Iglesia misma, y en ningún caso contra ella.

Los verdaderos reformadores y santos han sabido y saben reconocer a la Iglesia pura en medio de los defectos humanos que la aquejan, pero que nunca pueden desfigurar su semblante. Han sabido identificar a la Esposa de Cristo, sin mancha ni arruga. Aman precisamente a *esta Iglesia*, que tienen delante, y en la que viven, porque no hay otra Iglesia de Jesucristo en la tierra de los hombres.

Algunos piensan en una Iglesia ficticia, que existe solamente en su imaginación, o en una Iglesia del futuro y utópica a la que sí estarían dispuestos a mostrar fidelidad. Acerca de esta peculiar lealtad a la Iglesia del mañana, que se podría negar a la de hoy, existen unas palabras muy indicativas de un teólogo ya fallecido. Éste habría dicho a sus hermanos de orden lo siguiente: «Habéis de permanecer leales al Papado, en teología y en la práctica, porque eso es parte de vuestra herencia en grado especial; pero dado que la forma actual de la institución papal está sujeta a un proceso histórico de cambio, vuestra teología y vuestro derecho eclesiástico ha de servir sobre todo al Papado, tal como será en el futuro»[37].

Este futurismo no puede engendrar verdadera fidelidad a la Iglesia, y se agota en un juego de palabras y de ideas. Algunos católicos llegan a decir que la Iglesia actual nada tiene que ver con la que fundó Jesucristo. Lo dicen sin duda movidos por una intuición gratuita, y sin fundamento teológico-histórico alguno, porque el único modo que tenemos de conocer a la Iglesia de los orígenes es integrarnos de buena voluntad en la Iglesia del presente.

Después de hablar de fidelidad a Jesucristo y a la Iglesia en el discurso de 1985 citado más arriba, Juan Pablo II se refiere a una tercera fidelidad. Dice el Papa: «La fe renovada ha de traer asimismo consigo la *fidelidad al hombre.* La fe nos enseña que el hombre es imagen y semejanza de Dios, lo cual significa que está dotado de una inmensa dignidad. A este hombre, hijo de Dios, hemos de acogerlo y ayudarlo. La fidelidad al hombre nos exige aceptar y respetar sus tradiciones y su cultura, ayudarle a promoverse, defender sus derechos y recordarle sus deberes».

No podemos, en efecto, asemejarnos a Dios como debemos, si no imitamos la fidelidad divina respecto a todos los hombres, hermanos nuestros. Esa fidelidad de Dios al género humano en su conjunto, y a cada hombre y mujer en particular, es el ejemplar trascendente, y al mismo tiempo el silencioso imperativo de mi propia fidelidad a los otros.

Nuestra fidelidad hacia el prójimo deriva directamente de la fidelidad que debemos a Dios. En todo hom-

---

[37] Cit. R. J. NEUHAUS, *The Catholic Center,* First Things 132, April 2003, 79.

bre hay mucho más que el hombre mismo. Su valor es incalculable y misterioso. Mi fidelidad al otro ser humano desborda al hombre como tal; y al mismo tiempo, la fidelidad es una actitud del alma que tiene en cuenta al hombre concreto, y cualifica y eleva todas las relaciones que pueden establecerse entre personas.

6. Fidelidad a mí mismo tal como Dios quiere que yo sea. Esta fidelidad al llamamiento libremente aceptado coincide con la fidelidad debida al mismo Dios

Entendemos generalmente la fidelidad como una forma determinada de relación con Dios y con los demás. Pero no debe olvidarse que existe una fidelidad a sí mismo, que forma parte de la noción íntegra y completa de fidelidad. Comprendida así, la fidelidad a sí mismo es una de las cuestiones existenciales más decisivas e insoslayables de la vida moral y espiritual de todo ser humano. Porque tiene que ver directamente con su destino terreno, y también con su destino último.

«Esta fidelidad no es el apegamiento a un cierto tipo de personaje que yo quiero ser, porque lo he soñado, o porque me lo impone la sociedad, el ambiente que me rodea, o las simples circunstancias de mi vida»[38]. Se trata de algo mucho más radical y más profundo que no se descubre en un instante.

El asunto más central de la conciencia de todo hombre y de toda mujer que no viven una existencia banal o meramente estética, es encontrar el lugar individual

[38] P. ADNÈS, *Fidélitè*, DS p. vol. 5, París 1964, 328.

que deben ocupar en el orden único del universo racional y moral.

Hay a veces, en el comienzo comprometido de una vida, momentos de entrega lúcida y consciente, que contienen como una promesa y una profecía del curso que se va a seguir. Hay también una posible persuasión o voz interior que imprime a la vida una dirección, y permite a la persona hallar un claro sentido a su existencia. Ha descubierto lo que quiere ser realmente no sólo ante los demás, que resulta secundario, sino sobre todo y siempre ante sí misma. Es como un retrato, aún imperfecto, de la persona desde dentro.

La fidelidad a sí mismo es probablemente una de las expresiones menos entendidas y peor valoradas por el hombre moderno. Baste pensar en los falsos presupuestos agnósticos, ambigüedades, y mistificaciones que envuelven el debate filosófico-religioso sobre la autenticidad. Esta cualidad y meta del ser humano es invocada con demasiada frecuencia por quienes ignoran lo que son como hombres, de dónde vienen, y adónde van. Son muchas veces gente que nunca ha buscado con seriedad la forma de ser fieles a sí mismos.

Acerca del quehacer del hombre ha escrito José Ortega y Gasset: «La vida es quehacer y la verdad de la vida, es decir, la vida auténtica de cada cual consistirá en hacer lo que hay que hacer y evitar el hacer cualquier cosa. Para mí un hombre vale en la medida que la serie de sus actos sea necesaria y no caprichosa. Pero en ello estriba la dificultad del acierto. Se nos suele presentar como necesario un repertorio de acciones que ya otros han ejecutado y nos llega aureolado por una u otra consagración. Esto nos incita a ser infieles con nuestro auténtico quehacer, que es siempre irreductible al de los demás. La vida verdadera es inexorablemente invención. Tenemos que inventarnos nuestra propia existencia y, a la vez, este invento no puede ser caprichoso. El vocablo inventar recobra aquí su intención etimológica de "hallar". Tenemos que hallar, que descubrir la trayectoria necesaria de nuestra vida, que sólo entonces será la verdaderamente nuestra y no de otro o de nadie, como lo es la del frívolo»[39].

La fidelidad a sí mismo no depende sólo del autoconocerse, tal como reza la famosa exhortación moral inscrita en el templo de Apolo en Delfos. La introspección del hombre realizada por sus fuerzas naturales y en las limitadas perspectivas de su existir terreno, suele resultar decepcionante y estéril.

Lo mismo puede decirse de las corrientes de la filosofía existencial del siglo XX, que desvinculan al hombre de Dios, y en un marco más bien nihilista, lo consideran un ser para la muerte. La fidelidad a sí mismo se asemeja entonces a un intento desesperado e inútil de conformarse con uno mismo. En un vacío de autoconocimiento, lo que muchos invocan, a un nivel serio o frívolo, como fidelidad a sí mismos y a la propia conciencia, equivale generalmente a una coartada moral. Es una opción cómoda e incluso prestigiada, que viene a cancelar y hacer imposible la verdadera fidelidad a la conciencia bien entendida y a los auténticos valores que la constituyen y orientan.

Se trata en realidad de un tipo de narcisismo y de autoindulgencia, que se implanta en el sujeto bajo el pre-

---

[39] *Para el «Archivo de la palabra», Obras Completas, vol. IV,* Madrid 1947, 366.

texto de la autenticidad. Es una parte extraña de la cultura individualista de la autorrealización.

Algunos románticos alemanes —Herder entre ellos— desarrollaron la idea de que cada uno de nosotros tiene una forma original de ser humano. «Su forma de expresarlo era que cada persona tiene su propia "medida"»[40]. Hay un modo de ser humano que constituye precisamente mi propio modo irrepetible. Estoy como destinado a entender y vivir mi vida de esta forma, que impide la imitación radical de cualquier otro. Es decir, se otorga una importancia excepcional al hecho de ser fiel a uno mismo, que deviene así la clave de mi existencia.

«Ser *fiel a uno mismo* significa ser fiel a la propia originalidad, y eso es algo que sólo yo puedo enunciar y descubrir. Al enunciarlo, me estoy definiendo a mí mismo. Estoy realizando un potencial que es en verdad el mío propio. En ello reside la comprensión del trasfondo del ideal de autenticidad, y de las metas de autorrealización y desarrollo de uno mismo en las que habitualmente nos encerramos. Es el trasfondo que otorga fuerza moral a la cultura de la autenticidad, aun en sus formas más degradadas, absurdas o trivializadas. Es lo que da sentido a la idea de "hacer lo propio de cada uno" o "encontrar la forma de realizarse"»[41].

La fidelidad a sí mismo no es posible para una concepción donde el hombre no está llamado a autotrascenderse. Se convierte entonces en una proclamación del egoísmo como meta de la existencia humana.

El hombre y la mujer sólo pueden definir una identidad consigo mismos que no sea trivial desde las exigen-

---

[40] Ch. TAYLOR, *La ética de la autenticidad*, Barcelona 1994, 64.
[41] Ibidem, 65.

cias de la naturaleza, las necesidades del prójimo, los deberes del ciudadano, o la llamada de Dios. Es decir, la autenticidad no está reñida con las exigencias que derivan de más allá del yo personal. Más bien las presupone.

De otro modo se instala en la vida del hombre un pernicioso relativismo de valores, que domina la existencia de quienes no aceptan otra lealtad más alta que su propio desarrollo. Son personas dispuestas en realidad a olvidar el amor verdadero, la familia, la solidaridad ciudadana, o el bien común. La fidelidad a sí mismos que invocan no sobrepasa el afán por el progreso de sus carreras o de metas aún más triviales.

Y sin embargo en el hombre hay mucho más que el hombre mismo. Tiene unos orígenes que le llaman hacia arriba: *sursum vocant illum initia sua.*

La fidelidad del hombre a sí mismo tiene lugar ante todo en el horizonte y en la presencia de la propia conciencia, y en último término de Dios. Puede considerarse como «la conformidad vivida a la personal vocación natural y sobrenatural, que es necesariamente una sola cosa. Es la realización progresiva y perseverante de una cierta semejanza con Dios, que Él mismo nos ha asignado como tarea, que ningún otro encarnará de la misma manera, y cuyo designio se inscribe en las profundidades de mi ser como principio orientador de mi evolución y de mi plenitud»[42].

La persona bien cohesionada psicológica y espiritualmente, de acuerdo y en paz consigo misma, es la que ha encontrado la vía de esta autofidelidad, y quiere sujetarse a ella. Esta fidelidad brota del fondo del ser. El hombre

---

[42] P. ADNÉS, *Fidélité*, DS p, vol. 5, París 1964, 328.

atento a lo que Dios quiere para él, se encuentra verdaderamente a sí mismo, y ya no puede hablarse de dos fidelidades. La fidelidad a Dios y la fidelidad del hombre a su ser más íntimo y profundo, sencillamente coinciden. La autofidelidad unifica en este caso el mundo exterior y el interior, el ideal objetivo y la felicidad subjetiva, lo trascendente y lo inmanente a la persona fiel.

Cuando me amo, estoy amando la voluntad de Dios para mí, y entiendo que la gloria de Dios radica en que el hombre y la mujer sean fieles a sí mismos. La fidelidad a lo único necesario, que es trascendente y exterior al hombre, le permite en realidad llegar a ser el que debe ser. Por eso dice Jesús que «María ha elegido la mejor parte, que nunca le será arrebatada». Es decir, lo de Dios y lo de ella misma coinciden. Si no fuera el don de Dios que ella ha sabido hacer propio, podría serle quitado, al depender de las veleidades humanas.

En esta perspectiva podría leerse el punto de *Camino* que dice: «Alégrate, si ves que otros trabajan en buenos apostolados.—Y pide, para ellos, gracia de Dios abundante y correspondencia a esa gracia.

»Después, tú, a tu camino: persuádete de que no tienes otro»[43].

Pueden producirse en ocasiones lo que se denomina a veces conflictos de fidelidades. El hombre se ve solicitado simultáneamente por dos o más instancias lícitas en sí mismas y valiosas, que le piden una adhesión exclusiva. Son conflictos que la persona puede haber previsto de antemano y que tiene ya resueltos en su mente, o que vie-

---

[43] n. 965.

nen decididos más o menos fácilmente por las circunstancias.

Dice San Agustín: «Si tu familia te da un mandato contra la patria, debes desobedecer a tu familia. Pero si la patria te ordena algo contra Dios, debes desobedecer a la patria para obedecer a Dios». Hay que obedecer a Dios antes que a los hombres. La patria, la nación, la familia, pertenecen a un orden legítimo. No deben por tanto ser despreciadas ni tenidas en poco, pero han de integrarse en un orden mayor, en el que, bajo Dios, conservan limpio y activo todo su valor. Se añaden a estas consideraciones la fuerza y la vigencia moral, que pueden ser definitivas, de las opciones que el sujeto haya hecho libremente.

Resuelto el conflicto formal, puede permanecer el conflicto afectivo, capaz de poner a prueba la fidelidad. La solución pertenece a la creatividad y recursos personales, y sobre todo a la acción de la gracia divina.

V. Fundamentos de la fidelidad humana

1. La fidelidad de Dios causa y presupuesto de la fidelidad de los hombres. El Dios fiel del Antiguo y Nuevo Testamentos. Jesucristo, Palabra fiel de Dios. María, Virgen fiel. La fidelidad de la Iglesia

El libro que el lector tiene en sus manos se nutre por entero de una convicción creyente que recorre todo el Evangelio de Jesús: Dios nos es fiel. Le resulta imposible pasar la página de nuestra pobre vida. Nos ha prometido empujar y llevar hasta la eternidad encuentros con Él y con los demás que podrían al principio parecer casuales y pasajeros. Nos ha concedido amarle con todas sus consecuencias, y llegar así mas allá de lo que nuestras fuerzas humanas y nuestra débil voluntad nos permiten.

La fidelidad supone un esfuerzo en cierto modo sobrehumano. El genio y el carácter del hombre se materializan en ella como en un destello de eternidad. La fidelidad humana a los compromisos fundantes de su existencia supone en realidad una victoria de Dios, no sobre el hombre, sino a través del hombre. Es una victoria sobre los poderes que se oponen en el mundo, y dentro del ser humano, a la implantación del Reino. Dios aparece entonces «no como el rival o competidor de nuestra vida, sino el garante de nuestra grandeza»[1].

En realidad solamente Dios es fiel. Porque es siempre idéntico a sí mismo. «Los cielos son obra de tus manos. Ellos perecen mas Tú permaneces. Como un vestido los mudas, y cambian. Tú siempre eres el mismo»[2]. La Biblia presenta a Dios como el Fiel por excelencia. No puede ser de otro modo en «Aquél que es el que es». Frente a este Absoluto de fidelidad, todo lo que es del hombre permanece humano, y marcado por el dramático descoyuntamiento fidelidad/infidelidad.

Un antiguo himno cristiano, recogido en la segunda Carta a Timoteo, acentúa muy bien este desnivel radical entre Dios y el creyente: «Si nosotros somos infieles, Él permanece fiel, porque no puede negarse a sí mismo»[3].

Como ocurre también con la paternidad, la santidad, y el amor, la fidelidad se dice primariamente de Dios. Dios es fiel en sus designios irreformables respecto a comunidades e individuos, así como en la coherencia providente y solícita con que lleva a cabo esos designios en la historia humana, y en la vida de cada hombre y de cada mujer.

La fidelidad es por tanto un atributo o modo divino de ser, que Dios concede a los hombres, al igual que otras muchas de sus perfecciones. Se apoya para hacerlo en la lealtad y en el sentido de la decencia que son propios del ser humano. Pero en muchas ocasiones los pone *a radice*, donde sólo existía un vacío de fidelidad.

---

[1] J. RATZINGER, *La nueva evangelización* (1. 12. 2000), Oss Romano 19. 1. 2001, p. 8.

[2] Salmo 102, 26-28.

[3] 2, 13.

La fidelidad divina en acción se expresa principalmente en el mantenimiento de la Alianza con la humanidad, y sobre todo con el Pueblo elegido. «Es un Dios fiel que guarda su Alianza y su amor por mil generaciones a los que le aman y guardan sus mandamientos»[4].

Muestra de ello es la ratificación gradual que de esa Alianza hace Yahveh. Los pactos con Abraham y con Moisés son los momentos solemnes en los que Dios se manifiesta ante su pueblo como el mismo Dios que «juró a Abraham» y que liberó a Israel del yugo egipcio.

La Sagrada Escritura expresa en parte este hecho mediante el símbolo de la roca. La luz, en oposición a las tinieblas, designa el mundo del bien como contradistinto al mundo del mal. Pero lo que designa a Dios como la Verdad y la Fidelidad misma es la Roca. Un canto del Deuteronomio dice: «La Roca, su obra perfecta, porque todos sus caminos son conformes a justicia. Es un Dios fiel y sin iniquidad. Es justo y recto»[5].

La roca indica la solidez inquebrantable de la Palabra de Dios, sobre la que el hombre y la mujer pueden y deben legítimamente arriesgar su destino y comprometer su vida. Es un apoyo más firme para el hombre que el hombre mismo.

Escribe Jean Danièlou: «Dios se presenta a Abraham como quien anuncia bienes futuros. Esta promesa de Dios es irrevocable; y esto es justamente lo que significa la palabra *emet.* Significa que la fidelidad de Dios a sus promesas es completamente segura y puede uno descansar en su palabra sin reservas, no sólo en cuanto que re-

---

[4] Deut 7, 9.

[5] 32, 4.

vela lo que es, sino en cuanto promete lo que será. Dios queda constituido así en una Roca en la medida en que uno puede confiar completamente en Él y estar seguro de su apoyo.

»*Sí, tú eres mi roca y mi fortaleza, a causa de tu nombre tú me conducirás y tú me curarás*[6].

»Dios se nos presenta no ya como verdad, sino como fidelidad. Y a esta fidelidad corresponde no la fe, sino la esperanza. La esperanza no es como la *elpis* de los griegos, la actitud que se adopta ante un porvenir incierto. Es la afirmación paradójica de un acontecer favorable de los tiempos, un adueñarse por anticipado del futuro. Pero tampoco ahora esta afirmación está fundamentada sobre un optimismo cualquiera, sobre una necesidad inmanente de las cosas; descansa completamente sobre la palabra de Dios, quien, queriendo manifestar con más evidencia a los herederos de la promesa la inmutable estabilidad de sus designios, quiso poner de por medio el juramento, a fin de que, mediante dos cosas inmutables y que nos garantizan que es imposible que Dios nos engañe, recibamos poderosos ánimos nosotros que nos hemos refugiado, para no desanimarnos jamás, en la esperanza que se nos ofrece»[7].

Es precisamente esta fidelidad de Dios al hombre, sin límites ni condiciones, la que suscita, mantiene, y hace posible la fidelidad del hombre a Dios. Dios está siempre llamando al hombre. Se trata de un llamamiento creador y anterior al origen de nuestra fidelidad. Es la fidelidad divina hacia nosotros la que mueve hacia adelante nuestra

---

6 Salmo 31, 4.

7 *Dios y Nosotros*, Madrid 1957, 90-91.

propia fidelidad, que es una victoria de Dios. «Dios ha obtenido aquello por lo que te ha creado. Su proyecto y su deseo han sido realizados. Nada ha podido impedirlo, ni siquiera el pecado»[8].

El hombre fiel no puede vanagloriarse de su fidelidad. Ésta es un don de Dios, participación en una cualidad divina. Debe admirarse con sobrecogimiento, y agradecer un bien inmerecido. «Cantaré por siempre el amor de Yahveh. Mi boca anunciará tu fidelidad de edad en edad. Pues Tú dijiste: el amor está cimentado por siempre, asentada en los cielos mi lealtad»[9].

El hombre puede experimentar y contemplar la fidelidad de Dios Padre en la fidelidad del Hijo Único, que es el «testigo fiel» por excelencia[10]. Jesús es el *testigo*, en su persona y en su obra, de las promesas hechas a David[11].

Jesucristo es en el tiempo de la historia humana la manifestación suprema de la fidelidad de Dios. Él la pone de manifiesto, la realiza, y la vive como ejemplar, a la vez que hace posible la nuestra. Se trata en primer lugar de una fidelidad y de un amor eternos al Padre, que mueve al Verbo a encarnarse, para dar al Padre el amor que los hombres le niegan. Es la fidelidad del Hombre-Dios, cuyo alimento es hacer la voluntad del que le envió y llevar a cabo su obra[12]. «No se haga mi voluntad sino la tuya»[13].

---

[8] R. CANTALAMESA, *La Eucaristía, nuestra santificación*, Valencia 1997, 24.

[9] Salmo 89, 1-3.

[10] Apoc 1, 5.

[11] Sam 7, 1 s.

[12] Juan 4, 34.

[13] Luc 22, 42.

El Evangelio revela la debilidad y la abnegación humanas de un Hombre-Dios que tiembla y derrama lágrimas ante la muerte. Un ángel le conforta, y el Espíritu Santo le impulsa a poner por obra el deseo de su voluntad obediente. «La fidelidad de Cristo a los designios salvíficos del Padre en bien de toda la humanidad alcanza en la Cruz su máxima y culminante expresión»[14].

Jesús no es solamente la revelación de la fidelidad de Dios, sino que también la lleva a cabo por la redención. Dios ejerce su fidelidad a través de Él, salvándonos del pecado y haciéndonos hijos suyos. San Pablo afirma: «Todas las promesas de Dios alcanzan su sí en Jesús»[15]. Jesús es el guía de nuestra fe, porque nos ha revelado al Padre, y Él mismo es el objeto de esa fe. Pero lo es sobre todo porque, entendida la fe como obediencia y entrega de nosotros mismos a Dios, Él ha vivido plenamente el primero aquello a lo que estamos llamados. «Fijos los ojos en Jesús, el que inicia y consuma nuestra fe, el cual, en lugar del gozo que se le ofrecía, soportó la cruz sin miedo a la ignominia, y está sentado a la diestra del trono de Dios. Fijaos en Aquél que sufrió tal contradicción de parte de los pecadores, para que no desfallezcáis faltos de ánimo»[16].

Jesús es así la fuente de nuestra fidelidad. No es solamente el ejemplo, sino quien la hace posible. Es precisamente en Él como somos capaces de decir Amén a la gloria de Dios, y de recibir sus promesas. Es por el don que nos hace de su Espíritu por lo que podemos

---

[14] Juan Pablo II, *Insegnamenti*, 5, 3, 1228 (1982).

[15] 2 Co 1, 20.

[16] Heb 12, 2-3.

cumplir en nosotros la justicia hacia la que tiende la Ley antigua[17].

Observamos entonces que la fidelidad de Dios no es reconocida en abstracto por los hombres, ni puede ser tampoco percibida por la simple reflexión humana. Permanece siempre envuelta en una nube de misterio impenetrable y tremendo, que es al mismo tiempo fascinante, como el fuego divino que cubría el arca, y acogedor.

La fidelidad de Dios es conocida a través de la acción divina, en la experiencia espiritual viva del pueblo que Dios se ha escogido, la asamblea de Israel y luego la comunidad de los cristianos. Es reconocida por la mirada creyente en una historia y en los movimientos de esa historia, donde el tiempo representa por tanto un factor desconocido, fuente posible de desconcierto humano y de creatividad. «Es conocida en un mundo de amor y de gratuidad divina al que se vinculan la promesa, la palabra y la alianza, inseparables de la fidelidad de Dios. Es conocida en un universo de personas en el que Dios habla, ama, se demuestra fiel, y llama a la libertad de su pueblo y de cada uno de sus miembros. Es conocida finalmente en un presente que es memoria de las aciones divinas, y se halla al mismo tiempo abierto a un futuro. Cuanto más avanza la historia del Antiguo Testamento más se profundiza en las promesas y en la fidelidad divinas»[18].

La Iglesia, creación nueva de Dios, refleja plenamente la fidelidad de Dios y la de Jesús. El amor que Cristo le tiene como Esposo es correspondido por ella con análoga

---

17 Cfr. P. de SURGY, *La Fidelité de Dieu*, Lumiére et vie XXI, 1972, 65.

18 P. de SURGY, ibidem 66.

intensidad. La Iglesia no puede no ser fiel a su Esposo divino. La fidelidad de la Iglesia indica bien a las claras que la fidelidad no es principalmente una realización humana, sino un don de Dios. Como las vírgenes prudentes, la Iglesia mantiene siempre encendidas las lámparas con el aceite de la fidelidad.

Esta fidelidad se asemeja a las demás notas de la Iglesia, como la santidad, la unidad, etc. No siempre permite una comprobación empírica, porque la Iglesia de Jesucristo *in terris* se halla formada por hombres pecadores, que pueden ser infieles a su condición espiritual de cristianos, y lo son de hecho en numerosas ocasiones. Pero el misterio de la Iglesia incluye en cualquier caso su fidelidad esencial a Dios y a Jesús en el Espíritu Santo, que es su alma. Por la fidelidad que debe a Dios, la Iglesia cumple con alegría el mandato recibido de santificar a los hombres.

Es precisamente el anclaje en el misterio Trinitario lo que asegura la fidelidad de la Iglesia, así como su perennidad a través de los siglos. La Iglesia participa directamente de la estabilidad y de la firmeza divinas. Sólo en parte está sujeta a las contingencias y a los avatares de la historia humana.

2. La autoridad divina, y la aceptación libre en la vocación de ese poder divino amoroso: fidelidad porque lo pide Dios en el llamamiento que dirige a la persona

La majestad y la absoluta autoridad divinas son datos primarios para comprender la concepción bíblica de Dios y su relación con el ser humano. Lo más llamativo del Dios del Antiguo Testamento no es tal vez, sin embargo, la pura e inigualable trascendencia en la que habita, sino su voluntad irrevocable de garantizar en todo momento la libertad del hombre y de la mujer que ha creado por amor. La majestad de Dios no sólo no resulta en irrelevancia del hombre, sino que aparece, por el contrario, como condición de posibilidad de la acción humana. Dios no es el aplastamiento del hombre, sino la vida de su vida.

Pero el Dios de tremenda majestad, la cualidad única de su Ser, y su estilo de comunicación con los hombres, imprimen un sello propio a la religión de Israel, que la distingue de cualquier otra concepción de la realidad. La categoría fundamental del mundo judío, que seguirá presente y operativa en el Nuevo Testamento, es una categoría religiosa, es ni más ni menos la Palabra divina. La Palabra de Dios (*Dabar*) no tiene otro fundamento que Dios mismo. Vincula por su propio ser. Dios crea realidad al hablar, y habla a los hombres en términos y contenidos que son para ellos irrefutables. La misma Palabra divina que ha sido pronunciada y oída por el hombre constituye su mejor y más perfecta demostración.

Esto significa que, a diferencia de lo que ocurre con el logos griego, Dios no necesita, en un primer momento, apoyar sus palabras, mandatos y exhortaciones con razones y argumentos, aunque también pudiera hacerlo. Su Palabra compele directamente y por sí misma. Su análisis por el hombre que la recibe resultaría superfluo e innecesario.

El logos de los griegos y de los filósofos vincula, en cambio, por su lógica interna, que es comprendida por la mente de quien escucha, y le mueve a la aceptación y a la conformidad. Importa en este caso ante todo el análisis de lo hablado, no la autoridad del que habla. Si un animal o un árbol hablaran, y lo hicieran con sensatez y sentido, verían aceptado su mensaje.

Palabra divina bíblica y logos griego no se hallan en contradicción, pero indican modos distintos de acercarse al mundo y al hombre, y de entenderlos.

La autoridad de Dios, y el estilo de su ejercicio mediante la Palabra, destacan de modo simpar en la promulgación de los mandamientos, que vienen a ser como la sanción religiosa explícita de la ley moral natural, inscrita en el corazón humano. El tono majestuoso e inapelable de los preceptos divinos que tienen que ver con la conducta y el orden humanos, no es solamente el de un mandato imperativo cualquiera. También un legislador humano puede hablar de modo semejante. También Hamurabi, Solón, Licurgo, o las Doce tablas romanas se expresan mediante un estilo que obliga y compele a obrar de la manera prescrita.

Pero cuando Dios entrega sus mandamientos en el Sinaí, o los ratifica en momentos posteriores, hace algo muy diferente. El Dios que legisla y manda no es un ser que ha debido observar primero el comportamiento individual y social del hombre, para establecer luego una legalidad que haga posible la excelencia del individuo y la convivencia comunitaria. El discurso imperativo de Dios llama al hombre desde las raíces más profundas e íntimas de su ser, que es perfectamente conocido por Quien lo ha creado. Y sin embargo, los mandatos de Dios no son simplemente órdenes: son principalmente llamamientos a la autotrascendencia y a la dignidad humanas.

Los mandamientos de la Ley de Dios no son extrínsecos al ser humano. No son como una prenda de vestir, que se elige arbitrariamente, y luego se lleva o no se lleva. Los mandamientos son la condición para que el hombre sea verdaderamente él mismo. Por eso el hombre justo reconoce en ellos el sentido de su existencia, y alaba a Dios por habérselos dado a conocer, porque esa revelación equivale a conocerse y comprenderse debidamente a sí mismo.

Para el justo nada hay más dulce y atrayente que la voluntad divina, y no puede sino bendecir a Dios, que le ha hecho don de sus mandamientos. En el Salmo 119, leemos la oración del hombre de corazón recto, que exclama: «Según tu amor trata a tu siervo, enséñame tus preceptos. Yo soy tu servidor, hazme entender, y aprenderé tus dictámenes. Ya es hora de actuar, Yahveh, se ha violado tu ley. Por eso amo yo tus mandamientos más que el oro, más que el oro fino. Por eso me guío por todas tus ordenanzas y odio toda senda de mentira.

»Maravillas son tus preceptos, por eso mi alma los guarda. Al abrirse, tus palabras iluminan dando inteligencia a los sencillos. Abro mi boca franca, y hondo aspiro, que estoy ansioso de tus mandamientos. Vuélvete a mí y tenme piedad, como es justo para los que aman tu nombre»[19].

Los preceptos del Decálogo son así para el hombre y la mujer mandatos irrefutables y luminosos de un Dios personal. Un «instinto» moral y religioso les dice que han de cumplirlos, si quieren vivir desde dentro una vida verdaderamente humana.

La autoridad de Dios no resulta menos contundente, amable y decisiva en el llamamiento que dirige a sus ele-

---

[19] vv. 124-132.

gidos a lo largo de la historia de Israel, tal como se refleja en el Antiguo Testamento. Puede decirse que así como hay una correlación entre Palabra divina y Creación del mundo, y entre Palabra y «promulgación» de los mandamientos, existe también una misteriosa correlación entre la Palabra divina y la vocación dirigida al hombre, como si fueran dos realidades que se llaman mutuamente. Hay en efecto una correspondencia entre una y otra, que aunque sea asimétrica, dada la distancia que existe entre Dios y la criatura, no es por ello menos real.

La Biblia es una historia de llamamientos divinos, hechos desde el amor y la compasión, y ordenados todos ellos a la felicidad temporal y eterna de los hombres y mujeres llamados. Las llamadas vocacionales de carácter individual, dirigidas por Dios y luego por Jesús de Nazaret a personas concretas, tienen lugar en el marco de la elección del pueblo de Israel, y de la misión que había de desempeñar en el seno de la humanidad. Son un aspecto central de la historia de la salvación.

Esta historia gira en torno a las grandes figuras de Adán, el primer hombre, Abraham, Moisés, David, y todos y cada uno de los profetas de Israel.

Además de personajes individuales, con su propia historia, son también paradigmas o modelos que resumen en cierto modo las características significativas de todas las demás figuras bíblicas de especial relevancia.

Estas otras figuras, secundarias respecto a las de Adán, Abraham, Moisés, David, y los Profetas, son en la Sagrada Escritura como desarrollos diversos o explicaciones de lo que se concentra en los caracteres decisivos.

Será Jesucristo quien, según el sentido profundo y dirección última de la historia de la salvación, resumirá finalmente en su persona de Elegido y Mediador por excelencia todas las cualidades salvíficas de los hombres que son denominados adecuadamente *tipos* o anticipaciones de Cristo.

Las vocaciones de Adán, Abraham, Moisés, David y los Profetas, no solamente poseen una importancia singular en los planes divinos que preparan la salvación de la humanidad a través de Israel, sino que nos suministran un sugestivo y fiel retrato de lo que es la vocación en todo hombre[20].

La importancia atribuida por la Biblia a la llamada de los profetas origina un nuevo tipo de narración, que es la base justificativa de la actividad del profeta.

Son relatos de gran viveza y dramatismo, que equivalen prácticamente a un género literario entre los diversos que se encuentran en la Biblia.

Esos relatos de vocación presentan la gran novedad de estar redactados en primera persona. Muchas afirmaciones contenidas en las formas antiguas de culto acerca de las relaciones entre Dios y los hombres creyentes, especialmente en los Salmos, se decían también en primera persona. Pero el salmista habla en nombre de muchos. Sus palabras traducen en realidad ideas y sentimientos de alabanza, temor, soledad, acción de gracias, que podían y debían expresar todos y cada uno de los individuos hablando de sí mismos ante Dios y ante los demás.

El yo de esos lugares bíblicos es por tanto, con gran frecuencia, un yo colectivo, de modo que quien habla incluye también a los otros que se encuentran en las mis-

---

[20] Cfr. J. MORALES, *La Vocación en el Antiguo Testamento*, Scripta Theologica 19, 1987, 18-19.

mas circunstancias espirituales. El yo de los escritos proféticos es, por el contrario, un yo exclusivo.

En el relato de su vocación, el profeta registra y documenta un suceso personal que ha resultado para él y sólo para él en un mandato, una nueva sabiduría y una responsabilidad. Es un mandato que le deja completamente solo ante Dios.

Escribe Amós: «Me dijo Yahveh: Ve y profetiza a mi pueblo Israel»[21].

Isaías relata su llamada con mayor detalle. «El año de la muerte del rey Ozías (740 a. C) —dice el profeta— vi al Señor Yahveh sentado en un trono excelso y elevado... Entonces oí la voz del Señor que decía: ¿A quién enviaré? ¿y quién irá de parte nuestra? Dije: envíame. Dijo: Ve y di a este pueblo: Escuchad bien, pero no entendáis, ved bien, pero no comprendáis»[22].

Los relatos bíblicos dedican atención particular al momento inicial de la llamada, que suele quedar registrado mediante datos precisos, y especialmente con el de la fecha. El momento de la vocación es fundamental en la biografía del profeta y va a determinar su vida. Quien ha visto el cielo abierto ya no puede vivir como antes.

Es evidente que el profeta recuerda con vívida intensidad los detalles de su llamada y retiene con precisión la experiencia de unos instantes que se han grabado en su alma de modo imborrable. Fue una experiencia cierta de Dios, que ha modificado el sentido y el curso de su existencia y de la que resulta imposible dudar.

---

[21] 7, 15.

[22] 6, 1. 8-9.

La irrupción inesperada de Dios se expresa de diferentes modos. El profeta es tomado por el Señor[23]. Siente otras veces que la mano o el Espíritu de Yahveh, o ambas cosas, se posan sobre él[24].

Es probablemente Jeremías el profeta que refleja más intensamente la convicción de que la llamada de Dios es irresistible. La palabra de Dios en sus labios ha eliminado el miedo y sus reparos de ser demasiado joven. Cuando más tarde trata de eludir su vocación y decide no volver a profetizar, siente en su interior un fuego que parece consumir sus huesos y un impulso a cumplir su ministerio, que no consigue controlar y mucho menos detener. Cuando describe la Palabra de Dios como un incendio y un martillo, que todo lo consumen y todo lo deshacen, y cuando habla de su impotencia para resistirse a la Palabra, expresa una experiencia personal.

Dios sale vencedor. «Me has seducido, Señor, y me dejé seducir; me has sujetado y me has podido»[25]. «Respondí y dije: ¡Amén, Yahveh!»[26].

J. H. Newman, que expresa seguramente una experiencia personal, lo explica de modo admirable cuando escribe: «Justamente la victoria de la gracia radica en que Dios penetra en el corazón del hombre, lo persuade, y prevalece sobre él al mismo tiempo que lo cambia. No violenta en absoluto la naturaleza del espíritu y de la mente que originariamente dio al ser humano. Le trata como hombre. Le respeta la libertad de obrar de un modo

---

23 Cfr. 2 Sam 7, 8; Amós 7, 15; Salmo 78, 70 s.

24 Cfr. Ez 3, 22; 11, 1; 37, 1.

25 Jer 20, 7.

26 Id. 11, 5b; Cfr. Isai 6, 8.

o de otro. Apela a sus potencias y facultades, a su razón, su prudencia, su sentido moral y su conciencia. Despierta tanto sus temores como su amor»[27].

Dios no actúa a pesar de los profetas, sino a través de ellos. Pero las escenas de Amós 7, 1 s., Isaías 6, 4-13 y Jeremías 1, 4-10 indican la tensión que se produce entre la oferta divina y la voluntad del profeta. Aunque la situación se resuelve generalmente a favor del seguimiento y la ejecución de la voluntad de Yahveh, se alude también a la posibilidad de una negativa por parte del elegido. Lo tiene en cuenta el Salmo 94, 8 cuando dice: «Si hoy oyereis su voz, no endurezcáis el corazón».

De hecho, algunos no aceptan. Jonás escapa a Tarsis, que representa el fin de la tierra para los judíos de aquel tiempo, después de oír el mandato de predicar a Nínive la conversión[28].

Otros vacilan y manifiestan claramente en su vida una misteriosa escisión entre el profeta y el hombre de carne y hueso que fue objeto de elección por Yahveh. No es un caso de doble personalidad, sino el esfuerzo doloroso para que misión y experiencia coincidan o se aproximen al máximo.

Cuando Jeremías exclama: «¡Maldito el día en que nací! ¡Maldito el que felicitó a mi padre diciendo: te ha nacido un hijo varón»[29] da testimonio de una crisis que le llevará en último término a confirmar su vocación y terminar su tarea.

Otros, en fin, parecen abandonar y emprender un camino de alejamiento que en la providencia de Dios les llevará a un nuevo y definitivo encuentro. Así le ocurre a

---

[27] *Discursos sobre la Fe*, Madrid 1981, 96.

[28] 1, 3.

[29] 20, 14-15.

Elías, que «deseó la muerte y dijo: ¡Basta ya, Yahveh! Toma mi vida, porque no soy mejor que mis padres»[30]. Recobradas, sin embargo, las fuerzas perdidas, volverá en sí y llegará al monte de Dios, símbolo de su elección.

Pero algo en el texto sagrado insinúa que estas historias podían haber terminado de manera diferente. Ahí están para demostrarlo las tragedias de otros elegidos, la desobediencia espiritual del ambiguo Balaam[31], la corrupción espiritual progresiva de Saúl[32] y la triste apostasía de Salomón en sus años ancianos[33]. Se han cumplido en estas vidas las palabras de la Sabiduría de Dios: «os he llamado y no habéis querido»[34].

Presión divina y libertad personal no se excluyen ni contradicen en la vida de los profetas y hombres elegidos de Israel. El hecho de que no podamos explicar detalladamente cómo se aúnan y sintetizan ambas en la existencia de la persona llamada expresa sólo el misterio de la vocación, donde Dios y el hombre convergen.

Dios llamaba directamente a sus elegidos en el Antiguo Testamento, y es el mismo Jesús quien lo hace en el Nuevo. La pauta divina del llamamiento es idéntica, por tanto, en toda la Biblia.

La llamada de los discípulos ocurre, según el Evangelio, en el mismo inicio del ministerio público de Jesús de Nazaret. Apenas ha comenzado su predicación del Reino

---

30 1 Re 19, 4.

31 Cfr. Num 22.

32 Cfr. 1 Sam 28-32.

33 1 Re 11.

34 Prov. 1, 24.

de Dios cuando Jesús se dispone a llamar y llama a los primeros seguidores.

Las escenas evangélicas de vocación recuerdan los relatos del Antiguo Testamento que nos describen el llamamiento de los profetas de Israel. Los pasajes de seguimiento en Marcos están fuertemente influenciados por la vocación de Eliseo, realizada por mediación de Elías, en 1 Re 19, 19-21. Las coincidencias literarias sirven admirablemente para indicar la semejanza de las situaciones espirituales. Profetas y discípulos son destinatarios de una llamada rápida —«al pasar»—, poderosa e inesperada que va a cambiar el rumbo y el sentido de sus vidas.

Los sencillos elementos del relato evangélico consiguen formar sin aparato alguno una escena de gran intensidad. Se ordenan todos en último término a destacar el extraordinario poder de la llamada de Jesús, que es lo determinante en cada una de las situaciones descritas.

La imperativa llamada que Jesús dirige a sus discípulos elimina condicionamientos y suspende obligaciones anteriores, o por lo menos coloca a unos y otras bajo una luz y un planteamiento nuevos.

«Otro de los discípulos le dijo: "Señor, déjame ir primero a enterrar a mi padre". Dícele Jesús: "Sígueme, y deja que los muertos entierren a sus muertos"»[35]. Los dos versículos de San Mateo presentan una breve escena en la que el mismo Señor desarrolla para este caso las consecuencias que se contienen en su invitación a seguirle. Cuando Jesús pedía a su seguidor sobreponerse al cuarto mandamiento y a las obras de misericordia, lo exigía de la misma manera en que sólo Dios en el Antiguo Testa-

---

[35] Mt 8, 21-22.

mento obligaba a los profetas a obedecer en lo referente al anuncio de su juicio próximo.

El *Sígueme* de Jesús provoca en la vida del discípulo un comienzo absoluto, según el cual podría decirse que el hombre y la mujer llamados dejan de tener un pasado condicionante. El discípulo ha devenido una persona sin ataduras. Porque, de un lado, no debe permitir que viejos lazos permanezcan en su vida, y de otro la gracia de Dios le introduce ahora en una situación de auténtica libertad que le permite alejarse de todo condicionamiento terreno.

Ante la llamada del Maestro se relativizan los vínculos humanos más nobles y desaparecen los lazos perniciosos y encadenantes al mal. Nos dice, por ejemplo, San Marcos que Jesús había arrojado de María Magdalena «siete demonios»[36].

Oír el llamamiento equivale a descubrir el tesoro por el que debe dejarse todo lo demás: «El Reino de los cielos es semejante a un Tesoro escondido en un campo que al encontrarlo un hombre, lo vuelve a esconder y por la alegría que recibe, va, vende todo lo que tiene y compra aquel campo»[37].

Sólo el Reino y Jesús que lo trae deben representar para el discípulo un valor absoluto. El Señor lo advierte y hasta lo dramatiza con palabras que pueden parecer radicales. «El que ama a su padre o a su madre más que a mí no es digno de mí; el que ama a su hijo o a su hija más que a mí no es digno de mí»[38].

Son términos que recuerdan inevitablemente el comportamiento de Jesús niño, que se separa de María y de José y

---

[36] 16, 9.

[37] Mt 12, 44.

[38] Id. 10, 37.

permanece en Jerusalén para atender a los asuntos de su Padre del cielo. «*¿Por qué me buscabais? ¿No sabíais que yo debía ocuparme en las cosas de mi Padre?*»[39]. Jesús proclama deberes especiales de Hijo respecto a su Padre y una consiguiente total independencia de las criaturas para poder cumplirlos.

«Es natural suponer —escribe Martin Hengel— que la severidad de Jesús sobre la incondicionalidad del seguimiento no se entiende bien desde la perspectiva de su actividad como *maestro*. Semejante radicalidad sólo puede explicarse bajo el punto de vista de su poder único como heraldo del Reino próximo. En vista de esta proximidad apremiante, no hay tiempo que perder y es necesario seguirle sin dilación, renunciando a todas las consideraciones y vinculaciones humanas»[40].

Jesús y el Evangelio parecen situarse justamente en la posición contraria al conformismo que es típico de cualquier sociedad más o menos normalizada y llena de costumbres, hábitos, rutinas, prejuicios y tradiciones. Es ésta una normalización social que asigna a cada uno una función determinada y tiende a inmovilizar en ella a las personas, de modo que cualquier comportamiento *no previsto* provocará necesariamente la resistencia, la incomprensión y a veces el escándalo.

El Evangelio, respetuoso en principio con el orden de este mundo, que viene también de Dios, modifica, sin embargo, profundamente muchos criterios y cometidos terrenos. «Ya *no hay judío ni griego*; ni esclavo ni libre; ni hombre ni mujer», escribe San Pablo a los Gálatas[41]. «La

---

[39] Lc 2, 49.

[40] *Seguimiento y Carisma*, Santander 1981, 29.

[41] 3, 28.

frase subraya fuertemente la igualdad de todos en Cristo Jesús»[42]. Las estadísticas humanas y la ley de los grandes números —que son determinantes cara a conocer y estimular las acciones de los hombres— dejan ahora de tener importancia. El comportamiento del reducido grupo que oye la llamada de Jesús y acepta la venida del Reino es el hecho que mejor caracteriza la época histórica en la que Jesús vive. La vida cotidiana de la mayoría de los hombres y mujeres contemporáneos reviste importancia secundaria[43].

«La vocación enciende la luz que nos hace reconocer el sentido de nuestra existencia. Es convencerse, con el resplandor de la fe, del porqué de nuestra realidad terrena. Nuestra vida, la presente, la pasada y la que vendrá, cobra un relieve nuevo, una profundidad que antes no sospechábamos. Todos los sucesos y acontecimientos ocupan ahora su verdadero sitio: entendemos adónde quiere conducirnos el Señor, y nos sentimos como arrollados por ese encargo que se nos confía»[44].

La vocación hace del hombre una «creación nueva» espiritual, que debe permitirle gradualmente acercarse en este mundo a la plenitud de su humanidad. La llamada vocacional refleja ante todo en el ser humano la fidelidad de Dios y su compromiso de Creador y de Padre en el destino de cada hombre y de cada mujer. El hombre debe y puede, por lo tanto, mantenerse fiel a esa llamada, porque no se origina ni desarrolla en la debilidad de la cria-

---

[42] H. SCHLIER, *Lettera ai Galati*, Brescia 1965, 180.

[43] Cfr. J. MORALES, *La vocación en los Evangelios*. Scripta Theologica 34, 2002, 816-817.

[44] JOSEMARÍA ESCRIVÁ DE BALAGUER, *Es Cristo que pasa*, n. 45.

tura caída que es, sino que depende principalmente de la fuerza de Dios.

Dios da al hombre la vocación para que pueda serle fiel a Él y a los compromisos nobles que se derivan de las tareas en el mundo que, con la vocación, ha querido libremente aceptar. Porque no hay vocación sin misión o quehacer a realizar en la tierra. El don de la vocación alcanza y permite copiosamente el cumplimiento fiel de la misión. Es como un apoderamiento espiritual que viene de lo alto.

La vocación recibida expresa el Amor y la Fidelidad de Dios, y es entonces una llamada a la fidelidad del hombre. La vocación es así el único marco inteligible de comprensión en el que puede afirmarse que la fidelidad humana a Dios, y a los demás por Dios, es posible, y no equivale a una bella utopía espiritual. Dios no deja nuestras obligaciones de fidelidad a merced de meros recursos humanos.

La persona que ha recibido la vocación cristiana es llamada *fiel*. Es una denominación que debe hacernos pensar. Establece una conexión honda entre la llamada a la Iglesia y un comportamiento de fidelidad. Se trata de una condición espiritual, silenciosa pero operativa, que se mantiene intacta en los sucesivos llamamientos que pueden ir jalonando la vida de un cristiano.

Conviene mucho, por lo tanto, mantener una visión vocacional de nuestra existencia. Todo hombre y toda mujer reciben algún llamamiento de Dios, que debe permitirles desarrollar lo mejor de sí mismos, ese llamamiento se reflejará y escuchará de algún modo en el fondo de la conciencia. Se dejará oír con mayor claridad y nitidez en la mente y en el corazón de quienes han sido llamados a la Iglesia, y se hará más intenso, por así decirlo, en aquellos que por moción divina deciden seguir caminos determinados de servicio a Dios y a los demás por Dios.

La llamada vocacional contempla e incluye, como la planta se halla incluida en la semilla, los avatares históricos y todas las contingencias temporales que van a determinar y dar forma a nuestra existencia. Por eso, Dios nos está llamando siempre, para que en toda circunstancia de nuestra vida frágil, estemos en condiciones de llevar a cabo todas la consecuencias e implicaciones del primer compromiso, cuando todavía no podíamos conocerlas.

La majestad y el amor divinos, y la vocación que los hacen llegar hasta nosotros, impregnan nuestros compromisos con un halo de intangibilidad. Si el yo humano que se menciona en los llamamientos de Dios es un yo exclusivo, que no incluye a otros seres (vide supra), exclusiva para Dios ha de ser también la dedicación del hombre llamado a su servicio. Se trata de una exclusividad que podemos llamar intensiva, porque la fidelidad —considerada siempre desde Dios— puede y debe ser compatible para muchas personas con una dedicación extensiva a otros seres humanos. Pero a todos sin excepción alcanza el principio evangélico «amarás al Señor tu Dios con todo tu corazón, con toda tu mente, y con todas tus fuerzas, y a Él sólo servirás».

3. La condición moral de la persona: fidelidad de cumplir lo prometido, porque es lo propio de la dignidad y la decencia humanas. Los imperativos de la conciencia

Bajo un punto de vista moral, la persona puede ser considerada típicamente como el ser de quien lo propio es comprometerse, porque es esencialmente capaz de compromiso, hasta el extremo de que el compromiso la define. Entre persona y compromiso existe una relación que podríamos denominar dialéctica. Porque el único sujeto posible de compromiso es la persona; y porque es el compromiso adoptado y cumplido, o en vías de cumplirse, el que hace a la persona consciente de lo que realmente es.

La fidelidad expresa y desarrolla la responsabilidad moral personal. Y nos hace ver que la persona es una realidad ascendente de carácter último, que sólo se corona en el Dios Trino en Personas. La persona es un todo, no integrable en unidades más altas.

La grandeza ética y espiritual de la persona viene a concentrarse en la conciencia moral.

La conciencia honesta, que no ha sido silenciada o reformada por un instinto de egoísmo y de falsa conservación de lo propio, tiende a observar sus compromisos nobles, como el fuego tiende hacia arriba, y como la fuerza de la gravedad atrae los cuerpos hacia la tierra. La diferencia estriba en que la conciencia no actúa mecánica ni necesariamente, sino libremente, de modo que el impulso de fidelidad y el acto fiel no son dimensiones de la naturaleza inerte, sino acciones de un hombre y de una mujer libres, que podrían haber decidido de otro modo y con otro signo.

Es siempre la luz de Dios la que ilumina la conciencia, para que actúe del modo mejor. Es la voz divina la que se oye en la voz interior, donde actúa de incógnito, por así decirlo, o captada claramente como tal por quien obra.

Se trata entonces de tomarse en serio la conciencia, y el vínculo que crea en el sujeto el compromiso adquirido, la promesa libremente formulada a otro, o la palabra dada con intención de obligarse.

Muchos trivializan sus compromisos y la fuerza de la palabra dada, porque la *conciencia* no es para ellos sino una idea emocional o un mero *flatus vocis*. Ignoran que la palabra humana es un don en apariencia sencillo, pero que resulta a la vez el más peligroso de los bienes entregados al mortal.

Escribe Newman: «guía de la vida, implantada en nuestra naturaleza para discernir el bien y el mal, e investigar el bien con autoridad y predicamento, es nuestra conciencia, que la Revelación ilumina, fortalece y purifica. Estos dos monitores, interno y externo, que vienen de un único e idéntico Autor, se reconocen y testimonian recíprocamente. La naturaleza avala lo sobrenatural sin anticiparlo, y lo sobrenatural completa la naturaleza, sin suprimirla. Este es el orden divino de las cosas»[45].

La voz de Dios se hace presente y se deja oír en nuestro interior mediante la voz de la conciencia, que, con gran riesgo propio y haciéndose violencia, muchos consiguen apagar por un tiempo. El testimonio de la recta conciencia es, sin embargo, un testimonio lúcido y práctico: no fracasa ni en la visión de lo que debe hacerse, ni en el impulso eficaz para hacerlo.

La conciencia se apela al sentido del deber. Pero este sentido del deber no ha de entenderse como un simple automatismo racional, cerrado en sí mismo. El deber rectamente entendido se abre por sí mismo al Bien objetivo y conocido por el hombre. Esa realidad del Bien supremo establece el régimen verdadero de la moral y de la conciencia.

---

[45] Cfr. *Historical Sketches III*, London 1894, 79.

Nos encontramos en el núcleo de la dignidad humana, que para muchos filósofos y pensadores es lo más grande que hay en el mundo bajo las estrellas. En la conciencia, el hombre queda a solas con lo mejor o lo peor de sí mismo, y a través de la conciencia, clara u oscurecida, queda sobre todo a solas con Dios. Encuentra así la máxima reconciliación y armonía con su propio ser íntimo, o bien una situación en la que este ser íntimo se le hace compañero y testimonio tan ineludible como insoportable.

Esa vaga idea, de amplio uso en la actualidad, llamada autoestima expresa en realidad que el autorrespeto le es necesario al ser humano para vivir con dignidad, y que el aplauso o el reconocimiento de los demás no le sirve de nada, si su conciencia le acusa. «¿De qué le sirve al hombre ganar el mundo, si pierde su alma?»[46]. La persona que no cumple su palabra o los compromisos que se derivan naturalmente de su situación en la vida, es la conciencia oscura, de propósitos egoístas y mercenarios, que se alza con lo que ha dejado de ser exclusivamente suyo.

Porque, efectivamente, lo prometido de modo tácito o expreso ya no pertenece como antes a quien ha hecho la promesa y la ha dado a conocer. Una gran parte de nuestras obligaciones morales derivan de ese tipo de autovinculación libre. Naturalmente no nos referimos aquí a compromisos o promesas relativamente banales. No es lo mismo dejar de enviar un libro que se ha prometido, que abandonar a un ser humano en necesidad, o negarse a cumplir la promesa o un contrato que envuelven objetos de importancia material o espiritual.

---

[46] Mt. 16, 26.

El cumplimiento en conciencia de deberes formales, como los derivados de un pacto solemne o de un contrato escrito, o de otros deberes que no revisten necesariamente formalidad alguna, son parte de una ética del honor bien entendido, de una ética del sentido común, y de la vida ordinaria. Todas incluyen la fidelidad como norma y principio guía.

4. El impulso afectivo legítimo: fidelidad porque lo exigen el corazón y los nobles sentimientos, el amor y la compasión

Con raíces divinas, la fidelidad es una virtud de la solidaridad humana. Los demás no sólo esperan nuestra fidelidad hacia ellos, o hacia los ideales que comparten con nosotros, sino que la necesitan como personas de carne y hueso. Albergan unos sentimientos, unas expectativas, y unas ilusiones, que pueden ser comunes a sus vidas y a la nuestra.

La adhesión incondicional a personas y a ideales construye el régimen ordinario y cotidiano del servicio, el seguimiento y la fidelidad, que se viven entonces sin esfuerzo, o con sacrificios a los que el hombre y la mujer fieles apenas dan importancia. El premio de la fidelidad es ella misma, en la mente y en el corazón de quienes la viven como una segunda naturaleza.

Pero en los seres humanos normales se dejan sentir frecuentemente sanos resortes psicológicos y motivaciones añadidas, que refuerzan la fidelidad debida hacia aquellos con quienes ya les unen vínculos estables de mayor o menor importancia. Estos vínculos pueden derivar del matrimonio, la fraternidad espiritual, la amistad, o diversas clases de dependencia humana por razones familiares, caritativas, etc. Hay en la vida circunstancias determinadas que son capaces de fortalecer definitivamente una fidelidad debida, que se enfriaba, o en la que habían aparecido grietas, por cansancio, acostumbramiento, o pesimismo.

Hay gentes débiles o indefensas que no se valen a sí mismas, física o psíquicamente, y que son objeto de una providencia especial en la que las personas que ya les deben fidelidad han de desempeñar un papel decisivo. Porque son precisamente los seres que, más próximos a ellos, han sido obviamente elegidos por Dios para ayudarles y sacarles adelante.

Un distinguido filólogo judío, casado en Dresde con una mujer alemana de raza aria y protegido legalmente por el hecho de este matrimonio, habla del heroísmo de su esposa, en cuya fidelidad matrimonial se acumulaban nobles motivos que se reforzaban unos a otros. Escribe nuestro autor: «Sé de un heroísmo mucho más desolado, mucho más silencioso, de un heroísmo que carecía del apoyo de la pertenencia a un ejército, a un grupo político, que carecía de cualquier esperanza en un futuro esplendor y que se encontraba en la más absoluta soledad. Me refiero a las pocas esposas arias (no fueron muchas) que se resistieron a todas las presiones para que se separaran de sus maridos judíos. ¡Cómo transcurrió la vida cotidiana de esas mujeres! ¡Cuántas ofensas, amenazas, golpes y escupitajos soportaron, cuántas privaciones tuvieron que padecer por compartir la escasez normal de sus tarjetas de racionamiento con sus maridos, limitados a las tarjetas judías «subnormales», mientras que sus compañeros arios recibían en las fábricas los suplementos correspondientes a los obreros que realizan trabajos pesados!

»¡Qué voluntad de vivir debían mostrar cuando estaban enfermas de tanta humillación y de tanta torturante miseria, cuando los numerosos suicidios que se producían en su entorno sugerían de forma seductora el eterno descanso ante la Gestapo! Sabían que su muerte arrastraría de manera irremediable a sus maridos, pues el esposo judío, estando todavía caliente el cadáver de la mujer aria, era transportado enseguida al exilio asesino. Cuánto estoicismo, cuanta autodisciplina se necesitaban para animar una y otra vez al agotado, al maltratado, al desesperado. En el fuego graneado del campo de batalla, bajo el alud de escombros del sótano antiaéreo que empieza a ceder, incluso a la vista de la horca, el efecto de un momento patético proporciona apoyo..., pero ¿qué sostiene a la persona en el día a día sucio, repugnante y agotador, que apunta a infinitos días idénticos en el futuro?

»Mantenerse firme en tal situación, tener la fortaleza necesaria para predicar y hasta imponer continuamente al otro la idea de que llegará la hora y de que es un deber esperarla, tener la fortaleza necesaria para conservarse en el aislamiento, en la ausencia de un grupo, pues "la casa de los judíos" no conformaba un grupo a pesar del común enemigo, del común destino y de su lenguaje grupal: todo eso constituye un heroísmo superior a cualquier otro»[47].

Hay situaciones matrimoniales al borde de una crisis, que viene provocada en gran medida por el aislamiento egoísta en el que se han encerrado cada uno de los cónyu-

---

47 V. Klemperer, *La Lengua del Tercer Reich. Apuntes de un filólogo*, Barcelona 2001, 19-20.

ges. Han decidido de hecho y por separado, con mayor o menor conciencia, vivir sólo para sí mismos y al margen del otro. No advierten que ninguno de los dos puede ser el centro de una relación matrimonial humana, satisfactoria y verdadera. Sencillamente porque el marido, en su debilidad humana, tiene necesidad no sólo de la compañía, sino también de la protección de la mujer, y viceversa. Tal vez no han pensado nunca que el otro es un ser frágil y vulnerable, y su fidelidad no se ha reforzado, por lo tanto, con sentimientos de auténtica piedad, que nunca equivale a simple condescendencia.

El film *Viaje a Italia* (1952) dirigido, por Roberto Rossellini, e interpretado por Ingrid Bergmann y George Sanders, muestra ejemplar y artísticamente una situación como la descrita, y su afortunado desenlace. Decidida ya prácticamente la ruptura, el matrimonio realiza, como último esfuerzo, un viaje a la zona napolitana de Italia. La breve estancia en aquellos lugares provoca un vuelco y una catarsis en la relación conyugal. El contacto inesperado con un mundo nuevo, donde la gente vive en estrecha unión con la naturaleza exuberante, con la religión, y con las demás personas, ocasiona experiencias sencillas y creativas por las que marido y mujer comienzan a conocerse mejor cada uno a sí mismo.

Descubren simultáneamente el egoísmo personal y aislador en el que viven individualmente, y ven y sienten con claridad que el otro necesita apoyo, comunicación, y un comienzo, al menos, de servicio abnegado. De ese modo, el film, que es una exploración de Rosellini en el misterio de la libertad y de las reacciones humanas, documenta la historia de un matrimonio que se salva porque ha redescubierto el sentido que tuvo su amor.

Existen matrimonios en situaciones delicadas, que hacen peligrar la fidelidad conyugal, que salen adelante porque piensan en los hijos. Muchos matrimonios consiguen mantener, e incluso reconstruir y sanar, una relación que se ha hecho difícil, porque saben muy bien que se deben a la prole, e intuyen que el amor a los hijos no se contradistingue en realidad del amor mutuo conyugal.

Una autora norteamericana ha escrito recientemente: «Hablando con adultos todavía jóvenes, que han crecido en familias intactas pero no muy felices, vi con claridad que sus padres podrían haber elegido dos caminos: continuar juntos o pedir el divorcio. Pero esos matrimonios no eran tan caóticos o explosivos como para hacer sentir a los cónyuges que vivir en común resultaba intolerable.

»¿Qué se puede aprender de ellos? ¿Es útil su ejemplo para gente que comparte problemas similares? Si esta situación describe la tuya, pienso que debes considerar seriamente seguir con tu cónyuge por amor y lealtad hacia tus hijos. Muchas parejas que conocemos han tenido que enfrentarse con casi todos los problemas que afectan a los matrimonios actuales: infidelidad, depresión, insatisfacción sexual, soledad, rechazo. Pocos de estos problemas desaparecieron con el paso del tiempo, pero no eran lo más importante para la pareja. Dados su común afecto y preocupación por los hijos, hicieron de éstos la prioridad número uno.

»Una mujer me explicaba: Hay dos relaciones en este matrimonio. Él me admira como una excelente madre. Como esposa le aburro absolutamente. Pero nuestros hijos son maravillosos, y eso es lo que cuenta. La idea de que el conflicto abierto es siempre la salida de matrimonios fríos, simplemente no es cierta. Que los hijos son conscientes de la frialdad mutua de sus padres, lo cual les hace a ellos desgraciados, tampoco es verdad. Todo depende de que los padres sean capaces de realizar el sacrificio requerido para asegurar a los hijos los beneficios incalculables y únicos del matrimonio»[48].

Romper un compromiso sólido por una pretendida fidelidad a la propia conciencia, supone casi siempre desconocer o ignorar a las personas, seres de carne y hueso que son fines en sí mismos, con quienes uno ha comprometido, total o parcialmente, su destino. Quien actúa de ese modo se deja llevar por el capricho del instinto. En estos casos que urgen la fidelidad, no puede hablarse de coincidencias o casualidades. Todos los encuentros humanos encierran un sentido y unas consecuencias a los ojos de Dios.

Otro film más reciente que *Viaje a Italia*, documenta el desarrollo y las acciones de una lealtad que resalta particularmente en un mundo de abyección, crimen, y negación de toda dignidad humana. Se trata de la conocida *Lista de Schindler*, uno los films más populares y dramáticos de los últimos tiempos. Un alemán emprendedor y hábil en los negocios, se propone en Cracovia aprovechar la situación favorable de que disfruta, y consigue que las autoridades nazis le asignen los obreros judíos que necesita, hombres y mujeres, para la fábrica que ha puesto en marcha. La indiferencia inicial de Schindler hacia aquellos hebreos, a cuyo trabajo deberá unas cuantiosas ganancias, sufre pronto una evolución, que le hace gradualmente sentirse solidario de la suerte de sus obreros y obreras.

---

[48] J. S. WALLERSTEIN, *The Unexpected Legacy of Divorce*, N. York, 2000, 307.

El sentido de la común humanidad, y el agradecimiento por el servicio que le han prestado, lleva a Schindler a poner en riesgo su vida en dos ocasiones. La *lista* ha dejado de ser para él una mera relación de nombres, sino la representación viva de hombres y mujeres concretos, que son irrepetibles y no reemplazables por otros. La fidelidad a sus obreros, y la compasión por gente que sufre la más cruel de las discriminaciones, motivan al unísono en la mente del alemán un comportamiento noble y sin fisuras. En la defensa del débil, que depende por entero de él, Schindler se encuentra con lo mejor de sí mismo.

Las expectativas legítimas de los otros urgen y facilitan nuestra fidelidad. Lo expresa admirablemente Antoine de Saint-Exupèry cuando en *Tierra de hombres*, narra los sentimientos e ideas que le hacen superar la tentación de dejarse morir dulcemente en la nieve de unos Andes, que «en invierno no devuelven a los hombres»[49].

Escribe Saint-Exupèry, recordando y como hablando consigo mismo: «Perdidas, poco a poco, tu sangre, tus fuerzas, tu razón, seguías avanzando, obstinado como una hormiga, volviendo sobre tus pasos para rodear el obstáculo, volviendo a ponerte en pie después de las caídas, o volviendo a subir aquellas pendientes que sólo conducen al abismo, sin concederte ningún descanso, pues, de haberlo hecho, ya no te hubieras levantado del lecho de nieve.

»En efecto, cuando resbalabas, tenías que incorporarte deprisa para no ser transformado en piedra. El frío te petrificaba en cuestión de segundos, y disfrutar, des-

---

[49] *Tierra de hombres*, Barcelona (Emecé) 2000, 47.

pués de una caída, de un minuto de más descanso, te suponía mover unos músculos muertos para poder reiniciar la marcha.

»Te resistías a las tentaciones. "En la nieve —me decías—, se pierde todo instinto de conservación. Después de dos, tres, cuatro días de marcha, uno sólo quiere dormir. Era lo que yo deseaba. Pero me decía a mí mismo: mi mujer, si cree que estoy vivo, cree que estoy andando. Los camaradas creen que estoy andando. Todos ellos confían en mí, y soy un cerdo si no camino".

»Y tú caminabas y, con la punta de la navaja, cada día te ensanchabas un poco más la abertura de los zapatos para que los pies, que se te congelaban y se hinchaban, cupiesen dentro...»[50].

El pensamiento de los seres queridos que le necesitan a uno comunica fuerza para querer vivir, y este ejercicio de responsabilidad suma es una estupenda manifestación de fidelidad.

Este modo de sentir y de obrar se halla en honda sintonía con la aceptación cristiana de la realidad, en la que se produce algo así como una inversión en el movimiento amoroso. Si para los griegos, el amor es una aspiración de lo inferior a lo superior, en el Evangelio parece ocurrir a la inversa. El amor y la fidelidad se muestran precisamente en el hecho de que lo más noble desciende a lo frágil, Dios desciende al hombre, lo sano se abaja a lo enfermo, el rico al pobre, la belleza a la fealdad, lo santo a lo perverso para convertirlo en santo. En estos actos de humillación y de perderse a uno mismo radica en gran medida la fidelidad cristiana a los demás.

---

[50] Ibidem 52-53.

Leemos en un texto de Josemaría Escrivá una consideración que eleva todo lo dicho a un plano todavía superior. Dice así: «Hay muchas personas a tu alrededor, y no tienes derecho a ser obstáculo para su bien espiritual, para su felicidad eterna.

»—Estás obligado a ser santo: a no defraudar a Dios, por la elección de que te ha hecho objeto, ni tampoco a esas criaturas, que tanto esperan de tu vida de cristiano»[51].

---

[51] *Forja*, n. 20.

VI. Enemigos de la fidelidad

1. Un clima social permisivo y carente de recursos espirituales, que genera influencias disolventes por cauces múltiples

Las circunstancias exteriores a la persona que ha decidido mantener un compromiso de fidelidad no pueden suscitar, por sí mismas y de modo directo, una crisis, un fracaso, o la ruptura voluntaria de una relación que, por su misma naturaleza, tiende a la estabilidad y a la continuidad. Pero es evidente que factores ambientales que desconocen e incluso atacan el sentido de la fidelidad en el matrimonio, el celibato, y en otros vínculos nobles dificultan seriamente su comprensión y su ejercicio. La fidelidad parece ser para muchos hombres y mujeres un contravalor, porque limitaría la libertad y el desarrollo de la persona en el tiempo. Otros la conciben como un bello ideal, demasiado alto para ser realizable.

Este clima social imperante acelera sin duda la formación y el crecimiento de gérmenes de insatisfacción, así como deseos incipientes de revisar situaciones resultantes de un compromiso que se consideraba firme.

Se dice que somos en gran medida lo que vemos en la televisión y en el cine; lo que oímos en la radio, en las conversaciones habituales, y en el ambiente general; y lo que leemos en la prensa, la publicidad, y los libros. Se reduce así, aunque nunca pueda ser destruido, el espacio interior y exterior para el ejercicio de nuestra libertad.

Los anuncios publicitarios, con todo lo que implican y sugieren, nos influyen decisiva e inconscientemente. Y la sociedad, convertida en opinión pública, habría devenido como un gran anuncio que tiende a confiscar suavemente la personalidad y el carácter moral de los individuos.

Los *mass media* representan una nueva civilización que huye de lo que es esencial para la vida humana. Proponen a escala planetaria los mismos modelos, y producen así una nivelación general en valores aparentes, que tiende a ser absoluta. Puede afirmarse que los *mass media* no reflejan la realidad, sino que más bien la construyen, ofrecen alimentos insípidos, y a veces envenenados, en vajilla de oro, y en el boato y la brillantez que son propias de los logros técnicos modernos.

Claudio Magris habla de la victoria actual de un «totalitarismo blando y cordial capaz de promover —a través de mitos, ritos, consignas, representaciones y figuras simbólicas— la autoidentificación de las masas... El totalitarismo no se confía ya a las fallidas ideologías fuertes, sino a las gelatinosas ideologías débiles, promovidas por el poder de las comunicaciones[1]».

Una nueva sociedad parece en vías de formación, dominada por lo que podría denominarse informacionalismo, y en la que las estructuras sociales y económicas dependen más del conocimiento y del control de datos, que de las jerarquías de autoridad legítima y de los valores

---

[1] *Utopía y Desencanto*, Barcelona, 2001, 10.

éticos. La televisión, entre otros medios, configura crecientemente el lenguaje y los tipos de intercambio simbólico que ayudan a definir la sociedad.

La gente sensible y perceptiva, a lo largo y ancho del planeta, acusa con impaciencia lo que percibe como pérdida de control sobre sus vidas, su medio ambiente, sus empleos, sus gobiernos, y sobre la suerte de sus países. Se diría que los centros de poder son ahora imágenes y códigos informativos que conquistan las mentes de modo arrollador e inexorable.

Esta cultura ficticia de masas trasmite un modelo de ser humano, de familia, y de relaciones sociales, que se apartan de lo que han sido hasta ahora las condiciones y el ambiente de la fidelidad a Dios, al cónyuge, al amigo, y al colega en la vida profesional. Las dificultades culturales y políticas de la llamada familia patriarcal se manifiestan en la aparición de estilos unipersonales de vida, en el divorcio, los hogares o parejas de hecho, etc. En este marco de relaciones quebradas, el sentido de la fidelidad sufre una profunda metamorfosis, adquiere un significado enigmático, o desaparece sin dejar rastro.

Se han modificado las condiciones de vida social y espiritual en las que el término fidelidad venía a representar, y casi a resumir, todo un estilo de vida, así como una mentalidad orientada hacia lo perenne. Fidelidad condensaba una constelación de valores concretos y tangibles, tales como adhesión incondicional, perseverancia hasta el final a pesar de todo, constancia, firmeza de carácter, seguridad en las convicciones, propia dignidad, modo más razonable de vivir.

Esta delicada planta se ha visto también seriamente afectada por la simultánea ola secularista que, junto con otros procesos culturales y religiosos, caracteriza al siglo XX. Los cambios vertiginosos ocurridos durante las últimas décadas no sólo se reflejan en la tecnología, sino también, más dramáticamente, en los espíritus y en las conciencias. Cuando el proyecto natural de la persona no se vincula ya siempre a un designio y a una economía sobrenaturales que proceden de lo alto y trascienden al hombre (siendo además la vida de su vida), la fidelidad deviene un problema, porque la inestabilidad general ha cuestionado todo compromiso definitivo.

Subyace en el mundo del pensamiento una idea pervertida del hombre y de la mujer como seres que se agotan en un haz de instintos, y no están ordenados a ningún tipo de trascendencia. Es un resultado híbrido de la psicología de Freud, la novelística del Ulises, y los postulados del existencialismo nihilista.

El panorama de la Iglesia y las sacudidas que ésta ha experimentado en la segunda parte del siglo XX, no son ajenos a la crisis actual, teórica y práctica, de la fidelidad. Parece como si en algunos ámbitos de la Iglesia misma se hubiera oscurecido el sentido de los valores evangélicos. Numerosas instancias eclesiásticas enmudecían ante un clima social de permisividad que parecían incapaces de diagnosticar en términos cristianos. La nueva valoración de la sexualidad y la pretendida superación de ideas y tabúes del pasado han llenado de perplejidad a muchos hombres de Iglesia, que no han sabido o no han podido desempeñar con acierto su papel orientador de conciencias.

La problematización de la ética y de las principales doctrinas cristianas a casi todos los niveles ha añadido intensidad a esta situación, que ya era grave de por sí. Los centros espirituales y las personas cristianas de quienes debían venir criterios y ánimo, como alimento para mentes desorientadas y voluntades vacilantes, se habían convertido en sembradores de duda, cuando no de enseñanzas morales perversas.

Uno de los fenómenos más graves ha sido sin duda la difusión de una nueva moral sin normas objetivas, y sometida al vaivén de opiniones erróneas, que adoptan un tono magisterial. La aparición de una moral no de principios sino de actitudes y de «conciencia», no de acciones sino de intenciones, ha cuarteado gravemente los fundamentos de un modo de obrar cristiano en el que la recta conciencia es enseñada y entrenada a cumplir la ley de Dios hasta el heroísmo, si es necesario.

La politización eclesial y el traslado a la Iglesia de actitudes y batallas ideológicas propias del mundo profano ha dado volumen adicional a estos cánceres de la vida cristiana, y restado credibilidad en muchos ambientes y lugares a la voz de los representantes legítimos del Evangelio. Se deja sentir aún la influencia del marxismo, que en algunos ámbitos parece reinar después de morir. Su muerte política no ha ido acompañada ni mucho menos de su desaparición ideológica, y aunque en Occidente sea un cuerpo extraño al sistema democrático, y un residuo de la barbarie oriental, opera aún disfrazado de secularismo, y de causas socio-políticas marginales, pero con alguna capacidad de atraer adhesiones.

La atomización del pensamiento y el virus de un pluralismo que no actualiza ni da alas a la unidad, sino que la destruye, se han domiciliado en la Iglesia, y afectan hoy seriamente tanto al sentido como al ejercicio de la comunión eclesial. Una cierta crisis de identidad cristiana impide, o al menos dificulta, que muchos católicos sepan en la teoría y en la práctica, en qué consiste exactamente su condición de cristianos, y en qué se diferencian de los otros hombres, con los que conviven y a quienes deben amar por imperativo de su vocación.

Numerosos católicos carecen de convicción creyente acerca del sentido y valor de los artículos de la fe que recibieron de la Iglesia en su bautismo; se han construido una moral personal, que selecciona arbitrariamente los preceptos que consideran válidos para ellos, o simplemente anticuados; han permitido finalmente que un cierto desafecto hacia la Iglesia, tal como es y en la que viven, se introduzca en sus almas, y se adueñe de ellas. Si la conversión a la Iglesia exige en el converso una triple trasformación doctrinal, moral, y afectiva, puede decirse hoy que son miles los católicos que necesitan una nueva conversión, a los tres niveles de convicciones, comportamientos y sentimientos, para ser católicos reales y verdaderos, y no solamente nominales.

Hay que añadir también que la actitud y el modo de actuar de algunos superiores y de autoridades eclesiásticas ante determinadas crisis de religiosos y sacerdotes no ha sido lúcida ni ejemplar. Se olvida fácilmente que no siempre la facilidad con la que se permite a una persona en crisis abandonar el camino que eligió, indica necesariamente respeto verdadero hacia su libertad y su conciencia.

En el caso de hombres y mujeres que habían prometido vivir celibato, los procedimientos han resultado con frecuencia escandalosos, y reflejado el mismo permisivismo y concepción profana del hombre que imperan en la sociedad. Las ideas y teologías subyacentes en los cuestionarios y praxis de algunos procedimientos de desvinculación sólo pueden calificarse de lamentables y tristes[2].

Este cuadro describe únicamente aspectos negativos de una situación coyuntural que la Iglesia ha experimentado durante los últimos años. Pero son factores que han podido oscurecer el papel creativo y la luminosidad de una institución que será siempre la única esperanza verdadera de la humanidad.

Es imposible referirse a la virtud de la fidelidad y a las dificultades que su comprensión y ejercicio encierran para el hombre y la mujer de hoy, sin tener en cuenta este telón de fondo en el que se dibuja la crisis, y sobre el que deben actuar también los elementos y recursos regeneradores.

Cabe afirmar, como resumen de todo lo dicho, que la crisis de la fidelidad se halla hondamente relacionada con el declive moderno de la fe. Precisamente fidelidad viene de fe, y esta fe en Dios constituye su raíz y su justificación, no sólo en el terreno de los principios sino en la cotidianidad de su ejercicio. Como otros tantos valores humanos y espirituales, también la fidelidad se tambalea en el firmamento de las virtudes cristianas, y esta crisis no es otra cosa que un trasunto del enfriamiento de la fe, y de la vida de fe.

Allí donde se empobrecen las exigencias razonables de la existencia espiritual, apoyada en una relación personal con Jesucristo, renovada en la oración, y nutrida con la S. Eucaristía y la Palabra de Dios, la fidelidad se mantiene por un tiempo por la inercia de la costumbre o la rutina.

---

[2] Cfr. P. JACQUEMONT, Bulletin sur la Vie religieuse, RS Ph Th, vol. 55, 1971, 294.

Pero puede haber devenido una sombra de sí misma, un cuerpo sin alma, un compromiso legal sin sustancia y sin profundidad.

Si no se produce una reacción, y el proceso de deterioro continúa, se da entrada fácilmente a la añoranza de sucedáneos, y a la búsqueda de otras seguridades y apoyos, que aunque sean ficticios no dejan de ser meros determinantes para una situación nueva.

El vacío espiritual viene a ser colmado por las necesidades artificiales que la sociedad, y sobre todo la publicidad omnipresente de la vida consumista, crea para los esposos. Éstos ven ante ellos la exaltación del placer, la libertad sexual, el uso de la contracepción, el matrimonio a prueba, la poligamia de hecho, la epidemia del divorcio, y otras deformaciones que tienden a la destrucción directa de la relación conyugal, o introducen al menos graves perturbaciones en el matrimonio.

Al profanarse el amor conyugal por el egoísmo, el hedonismo, y las prácticas ilícitas, se deforma el sentido del amor humano, y se oscurecen, hasta hacerse irreconocibles, el fin y las exigencias de la vida matrimonial. Estos factores obstruyen y limitan la generación de los hijos; contribuyen a perturbar la conciencia de los esposos, y a hacerles perder el sentido que tengan, débil o fuerte, de su vocación. La familia se convierte en un teatro de crisis sordas o dramáticas, y se crean las condiciones que parecen hacer inevitable una separación dolorosa.

Quienes han hecho una promesa de fidelidad a Dios en el celibato, dentro del marco y según el espíritu de una institución de la Iglesia, no son menos vulnerables a una crisis, con unas motivaciones y en un escenario diferentes.

2. Eclipse de las convicciones, desencanto, y duda

Entramos ahora más a fondo, por así decirlo, en el misterio del hombre, un ser paradójico, cuyo destino es el cielo, pero que es al mismo tiempo una criatura caída. Esta condición se revela continuamente en sus deseos y en sus pensamientos, en su capacidad de grandeza y en su miseria. Al hombre le gustan más las ascensiones y las subidas que los descensos, pero la dura realidad nos instruye que suele practicar más éstos que aquéllas.

Tanto la historia de la humanidad como las historias individuales dan testimonio de la impotencia moral del hombre en todo su dramatismo. La desorganización de su ser en el aspecto decisivo, que es su posibilidad de optar por Dios y por el bien, viene a ser consecuencia directa del desgarramiento interior descrito frecuentemente por San Pablo, de la oposición perenne entre la buena voluntad y el rechazo de lo noble y de la gracia, entre el hombre nuevo y el hombre viejo.

De ahí procede esencialmente la dificultad del hombre nuevo a permanecer fiel a su conciencia, a sus compromisos, y a su palabra. Pecador o convertido, el hombre arrastra consigo, consciente o inconscientemente, un peso de egoísmo, de descuidos, pequeñeces y prejuicios, que se hallan en la raíz de la crisis y de los fracasos donde naufraga a menudo la elección de un modo de vivir que debía ser irrevocable. Esta tensión potencial entre lo nuevo y lo viejo en lo más hondo de la naturaleza humana se manifiesta, débil o poderosa, en situaciones y decisiones que pueden cuestionar la realidad misma de un compromiso que era como la columna vertebral y el sentido de la existencia.

El hombre y la mujer —también los que han sido regenerados interiormente por la gracia— llevan siempre consigo heridas morales y espirituales que, aunque cicatrizadas, pueden abrirse en cualquier momento. Llevan su capacidad de conocer el bien, desearlo, y hacerlo, en «vasos de barro». El hombre es por naturaleza un ser inseguro y carencial.

Las carencias espirituales del ser humano son de orden muy variado, pero las principales que interesan a la fidelidad, se detectan particularmente en dos tipos o clases de persona, que podríamos denominar el hombre orgulloso y el hombre frágil. No son dos tipos de caracteres químicamente puros, y mantienen en común numerosos rasgos morales. Pero se trata de modos de ser y de actuar cuyo centro vital viene determinado por elementos diferentes.

El hombre orgulloso es el hombre que suele tener un proyecto vital, que ha de configurar su existencia, y que tiende a constituir una ley para sí mismo. Es el hombre o la mujer de la afirmación personal en toda circunstancia y bajo cualquier legalidad.

El hombre frágil se siente mucho más a la deriva de la movediza condición humana. Su vida no se articula necesariamente con arreglo a proyecto alguno. Inseguro y escéptico acerca de sus posibilidades vitales, se ve a sí mismo como «arrojado» a la existencia, y contempla mucho más sus posibles fracasos que unos logros que considera utópicos.

Ambos tipos de hombre son fácil presa de la infidelidad. El primero altera con desenvoltura la jerarquía de opciones y compromisos que elaboró en su día, sencillamente porque considera que el centro de la realidad no es el valor y el bien elegidos, sino la propia conveniencia. El compromiso libremente adquirido un día viene a ser sustituido por otro nuevo, que podría tener también una vigencia caduca.

Aquí radica una de las patologías de la fidelidad, que es propia del hombre o de la mujer decididos, y seguros de sí mismos. Lo que denominamos en estas páginas «eclipse de las convicciones, desencanto, y duda», no son otra cosa que otras tantas manifestaciones o consecuencias de una opción personal, que no se orienta hacia el centro, sino hacia la periferia de la vida. No es una fuerza centrípeta, hacia lo mejor de uno mismo, sino un impulso centrífugo, que desdobla la personalidad y convierte la vida auténtica en una deriva.

El fracaso de la fidelidad al compromiso, porque el sujeto ha decidido emprender una ilusoria vida nueva, implica una seria escisión del ser moral de la persona. Hablamos principalmente para cristianos, y se ha recordado ya, más arriba, que fidelidad viene precisamente de fe. Esto significa ni más ni menos que a la fidelidad corresponde la misma estabilidad y firmeza que son propias de la fe cristiana. La fe teologal es incondicional, porque implica una relación de confianza, y aceptación de lo no evidente entre Dios y el hombre y la mujer creyentes.

Es decir, ninguno de los dos polos o interlocutores de la relación puede cuartearse ni dejar de ser él mismo. Dios no cambia, y no puede engañarse o engañarnos. El creyente sabe bien en quién ha confiado y recibe una incomparable estabilidad en su actitud espiritual, que la hace semejante a la firmeza de Dios. Es el hombre de carácter.

En la relación de fe, por lo tanto, sujeto humano creyente, en cuanto tal, y sujeto-objeto divino permanecen estables, por encima de cualquier contingencia humana y de cualquier circunstancia temporal. La relación de fe roza así la eternidad y la trascendencia. De aquí deriva el carácter incondicional de la fidelidad, que es mucho más que lealtad humana o que una estimable virtud moral.

Por eso la crisis de fe en el sujeto se encuentra en la raíz de la infidelidad. El hombre fiel (hombre de fe) ha devenido incrédulo en alguna medida, y ese cuarteamiento espiritual, ocurrido en lo profundo, resuena y se manifiesta en lo que parece superficial, externo, y tal vez anecdótico.

La esencia de todo compromiso con Dios, con los demás, y con uno mismo, implica la disposición de hacer abstracción y dejar de lado, ciertos elementos en sí variables respecto a la situación base del compromiso fundante. Si se concede a cualquier circunstancia nueva la capacidad de alterar el compromiso y degradar con ello su naturaleza estable, se está produciendo en realidad una especie de desdoblamiento anímico.

Es el desdoblamiento entre un centro dominante en el sujeto, que afirma su hegemonía unificadora y su identidad y responsabilidad a lo largo del tiempo, y un conjunto de elementos, dentro de la persona o externos a ella, a quienes el sujeto responsable no consigue o no desea imponer obediencia.

La invocación del eclipse de las convicciones primeras, o del desencanto intelectual, como motivos para romper un compromiso de fidelidad han de ser mirados siempre con recelo, desconfianza, y sentido crítico. Se puede fácilmente caer en una trampa, con el señuelo de razones que parecen nobles y honestas. La fidelidad «a uno mismo» puede ser solamente una coartada para el egoísmo, la irrealidad, o la atracción obrada por espejismos.

El hombre necesita detectar y denunciar ante sí mismo las influencias ilegítimas que pueden erosionar sus promesas tácitas o expresas de fidelidad, o ponerlas en duda. Hay factores disolventes que flotan en el ambiente y actúan como virus más o menos letales, y hay también supuestos nutrientes que, contaminados, comprometen de modo sutil o abiertamente la perseverancia del hombre en los propósitos y deseos nobles.

Puede haber profesores y maestros que, consciente o inconscientemente siembran la duda en torno a convicciones e ideales, origen y raíz de fidelidad que la persona adoptó en su día como vertebradoras de su existencia fiel. Obran como inductores del librepensamiento desorientador y con frecuencia destructivo de las bases espirituales y morales del discípulo, joven o maduro en edad. Son como el negativo del buen maestro, que siempre suele ser necesario para encontrar la verdad, permanecer en ella, y hacerla en la propia vida.

Quien oye estas voces insidiosas se halla en ocasiones como indefenso ante su influencia y no es capaz de reaccionar con personalidad y sentido crítico. Otros pueden resistir movidos por sus convicciones no cuarteadas o por un instinto que les hace sospechar la validez de lo que oyen, y les permite discernir a pesar de todo cuál debe ser la orientación recta de las ideas y de los sentimientos.

Otros actualizan en la ocasión una mala voluntad, de la que todo hombre es capaz, que se hace cómplice de la insidia, y abre las puertas a la infidelidad: sencillamente porque se trata de ideas, pensamientos, y afectos, que siendo rechazables pueden decir algo en su favor, y aparecen como plausibles ante el espíritu que vacila.

Un creyente responsable no debe entrar fácilmente en diálogo con ideas o razonamientos que puedan disolver su fe o ponerla en serio peligro. Naturalmente, el ser humano es un ser racional, y la fe no teme las preguntas y cuestiones adecuadas que puede y debe plantearle la razón. Pero el creyente sagaz advierte la carga destructiva que contienen algunos planteamientos de duda estudiada, y ha de rechazarlos.

John Newman, que había hecho de estas cuestiones y situaciones experiencias ardientes, escribía dos años antes de su conversión, ocurrida en 1845: «me impresionaba recordar lo mucho que había perjudicado mi fe el hecho de adentrarme en pensamientos, opiniones y argumentos de infidelidad...»[3].

Años más tarde volvía así sobre el tema: «un buen católico no se atreve, si es prudente, a frecuentar determinadas objeciones contra su fe. No teme que vayan a demostrarle por ejemplo que la Iglesia no viene de Dios. Pero teme que si las escucha frívolamente y sin motivo, el Señor pudiera permitir su perdida de la fe sobrenatural... Ése es a veces el fin de los que con el pretexto de investigar la verdad, juguetean con sus convicciones.

»He aquí algunas de las razones por las que la Iglesia no puede permitir coherentemente a sus hijos dudas acerca de la verdad de sus enseñanzas. La mera investigación en los fundamentos de la fe no supone en ningún modo la duda, ni tampoco equivale a dudar la consideración de los argumentos que se esgrimen contra las creencias cristianas, siempre que existan buenas y suficientes razones para hacerlo. Pero esto nada tiene que ver con la

---

[3] *Escritos Autobiográficos* 14, abril, 1843 (AW 228).

duda culpable, ni con el manoseo frívolo e innecesario de objeciones, que la Iglesia reprueba»[4].

La difusión del libro y de las lecturas es una de las principales causas de la democratización y extensión de la cultura. Siendo un instrumento creativo que puede cambiar una vida o forjar el carácter y la personalidad de un hombre y de una mujer, el libro es también para muchos un factor único de perversión intelectual y moral. Si en su momento, el libro y los textos impresos ayudaron considerablemente a difundir las ideas sembradas por la revolución religiosa del siglo XVI, puede afirmarse que, en la situación cultural moderna, se hallan en el origen de la alta inspiración literaria y espiritual, pero también del librepensamiento sin rumbo, que distinguen el mundo contemporáneo. El libro está en la base de los caminos brillantes y torcidos del espíritu.

Los librepensadores, que eran una elite intelectual reducida en los comienzos de la modernidad filosófica, se cuentan hoy por millones no sólo entre los incrédulos e indiferentes en materia religiosa, sino también entre los mismos creyentes cristianos. Hay derrotas morales y espirituales que son atribuibles en gran medida a la influencia desmoralizadora, y corrosiva en el plano intelectual, de la literatura en su conjunto, e incluso de muchos libros producidos por hombres y mujeres que se consideran y se dicen católicos.

En otro orden, no debe minusvalorarse la influencia de amigos, camaradas y colegas, que forman durante la juventud el ambiente habitual en el que el hombre que

---

[4] *Discursos sobre la Fe*, Madrid 1981, 226-228.

comienza a ser adulto, asimila ideas y adquiere sentimientos que van a determinar muy probablemente su personalidad y sus convicciones. La influencia de los camaradas puede ser decisiva. «Las conversaciones de nuestros veinte años nunca las olvidaremos —ha escrito un ensayista francés— no olvidaremos aquellas discusiones apasionadas en las que sentíamos vacilar las creencias más queridas, y casi todo lo que parecía formar nuestra misma espiritualidad. Se podía sentir a veces una impresión de derrota que permanecía y parecía rodear a ciertas cuestiones de un halo doloroso. No se retorna a esos momentos pasados sino con cierto pesar. Un día podríamos percibir que las ideas puras e indiscutidas ya no eran intangibles, y con ellas entraban en juego la eternidad entera, e incluso el sentido de la vida. Todo esto no lo sugieren ni los maestros ni los libros: son los camaradas cuya voz viva parece golpear directamente el edificio de nuestra fe. ¿Cómo resistir a su ironía? El más valiente teme el ridículo»[5].

Estas observaciones, en las que muchos podrían reconocer aspectos de su biografía espiritual e intelectual, presuponen un hecho que desgraciadamente ocurre con frecuencia. Se trata del atractivo, relativo pero eficaz, que el mal ejerce sobre ciertos caracteres. A esto se une la ignorancia de muchísimos jóvenes creyentes en el terreno de su propia religión cristiana. Sus conocimientos de Cristianismo son superficiales y formalistas. Con excepción de grupos más bien restringidos, no viven la vida cristiana, no la comprenden, y son así incapaces de sentir su atractivo y su necesidad.

---

[5] H. ROUMIEUX, *Enquête sur les raisons actuelles de l'incroyance*, La Vie Intellectuelle 1935, 2, 190-191.

Hemos descrito sumariamente en estas situaciones e influencias el telón de fondo de muchas crisis de fidelidad a la fe cristiana, a los compromisos matrimoniales, a la promesa del celibato por el Reino de los cielos y a otros vínculos elementales de una lealtad humana que sólo puede sobrevivir adecuadamente en una perspectiva espiritual.

Se activan fácilmente en esas circunstancias los gérmenes y preguntas latentes en el espíritu humano, que son factores de infidelidad.

¿Cómo puedo comprometer mi futuro, abierto a tantas posibilidades, de modo incondicional y para siempre? He aquí una interrogación muy propia del ser humano, que cabe esperar en algún momento de cualquier persona sensata. Son preguntas que cruzan la mente de quien no conoce con seguridad absoluta lo que el curso de la vida le va a deparar. Son interrogantes que caracterizan la condición humana en este campo decisivo, como también en otros muchos de más o menos importancia. Un hombre y una mujer juiciosos pueden y deben preguntarse a sí mismos de vez en cuando acerca de lo oportuno de unos planes, de lo adecuado de un curso de acción emprendido, de la coherencia y realismo de unos objetivos, del alcance verdadero de sus cualidades y posibilidades humanas. Lo cual no significa que sus proyectos y acciones se hayan planteado utópicamente, o que ellos carezcan de cualidades para realizarlos. Si un hombre no se hiciera alguna vez esas preguntas viviría tal vez en un mundo irreal, y no sería del todo humano.

Pero este tipo de interrogantes presentan diversa naturaleza, según su modo de originarse en el ánimo del sujeto, y las implicaciones que puedan contener. Equivalen a un sincero cuestionarse la capacidad de cumplir una promesa, como una manera realista de medir el costo y aprestarse así mejor a llevar a cabo lo prometido. Implican un saludable temor ante la obra de importancia que uno acomete, y ante la que no parecen ser suficientes las fuerzas y previsiones humanas.

Quien pregunta o se pregunta de este modo no está corrigiendo o alterando la intensidad ni la extensión de lo prometido. Está sencillamente, con certero instinto espiritual, calculando los posibles riesgos de una empresa personalísima en la que se juega tanto. Pero sabe bien que el impulso y la decisión de comprometerse sin condiciones se han originado en lo mejor de sí mismo, y que las mociones de lo alto han configurado el arranque y la dirección de su libertad.

Por eso, esas preguntas realistas de quien conoce su debilidad y debe calcular el costo de lo que emprende son pronto respondidas afirmativamente en un clima espiritual de confianza en Dios y de seguridad en Él. La persona puede acudir además al pensamiento y a la experiencia real y permanente de los innumerables hombres y mujeres que han querido asumir los mismos o análogos compromisos, y que han conseguido, con gracia de Dios y esfuerzo propio, llevarlos a buen termino. No es esta una consideración secundaria ni de orden menor. Porque el impulso de renuncia y entrega movido por el amor de Dios o por el noble amor humano bendecido por Dios, se origina en gran medida, dentro de la persona, por la pauta y el acompañamiento inspirador de muchas otras conductas nobles. Son hombres y mujeres que han hecho ya, o hacen ahora, lo mismo que uno se propone hacer. Nos hablan así del ideal no sólo como amable y atractivo, sino como una meta posible que merece la pena acometer.

La lógica incertidumbre humana acerca del futuro, y de la posible vacilación de la voluntad y de las propias fuerzas, se modifica y cambia su naturaleza radicalmente cuando ese futuro no son el azar y el destino, sino la providencia y el amor divinos. La zozobra y las sombras de la duda en el corazón del hombre no son anuladas por la realidad de la providencia de Dios, pero adquieren su relieve justo y pierden su capacidad amenazadora cuando se sitúan en el marco contingente, nunca absoluto ni definitivo, que les corresponde. Gracias a la providencia, podemos afirmar que la vida y el destino humano no son trágicos, aunque experimenten el dramatismo y el temor que acompañan todo lo terreno.

El hombre que ha hecho una promesa se encuentra de modo muy particular en las manos de Dios. Puede y debe decir *«in manus tuas sortes meas»*: mi destino está en tus manos; y puede, por lo tanto, anticipar una llegada segura, aunque no le sea posible predecir ni imaginar los caminos concretos que habrá de recorrer.

Pero la misma pregunta de cómo puedo comprometer mi entero futuro de un modo incondicional, es a veces un interrogante artificial y fingido, que contiene lo que suele llamarse una respuesta pagada. No es un grito de razonable y conmovedora inseguridad humana, sino una declaración egoísta que contiene ya implícita la decisión tomada de no cumplir la promesa.

Se ha desmoronado entonces, por motivos diversos, lo que parecía un propósito firme. Se invocan tal vez razones de coherencia con uno mismo que han llevado a revisar el valor de los ideales perseguidos. Lo que se antojaba brillante y glorioso ha dejado de lucir, por deterioro propio, o porque su luz era simplemente un espejismo. El hombre que se halla en esta situación anímica no es capaz de reconocer que la escena y los valores exteriores a él permanecen idénticos, y que las alteraciones han ocurrido únicamente en su interior. Se sentía quizás sin fuerzas para cumplir sus compromisos, y acude a razones de naturaleza más bien intelectual y de principios para explicar a los demás, y explicarse a sí mismo, su cambio interior.

No advierte suficientemente las fuerzas centrífugas que obran en su ánimo, entre ellas un posible e ingenuo espíritu antilegalista, que huye de lo que considera promesas formales. O bien esa misteriosa fascinación por la trasgresión o por la superación y cruce de límites, que trabaja de modo perenne e insidioso el corazón humano desde los tiempos del Paraíso, y que tiene mucho que ver con la caída original. O bien las pretensiones de la sensualidad nunca dormida.

No hay que olvidar en ningún caso que el dinero tiene la capacidad de cambiar la fidelidad en infidelidad, el amor en odio, la virtud en vicio... Numerosos literatos y pensadores han denunciado, por motivos éticos, la desmesurada y corruptora primacía del dinero a partir especialmente de la segunda mitad del siglo XIX. Piénsese, por ejemplo, en las voces recriminadoras y lúcidas de Leon Blois, Jean-Arthur Rimbaud, Gilbert Chesterton, Charles Peguy, Hilaire Belloc, etc.

El moderno giro antropológico en el mundo del pensamiento y de la cultura que ha colocado artificialmente al hombre en el centro de la realidad y desplazado a Dios en la conciencia y en las intenciones, inhabilita muchas veces a la persona para buscar y hacer en serio la voluntad divina, que es fácilmente sustituida por el propio capricho.

Tampoco es ajena a esta psicología la curiosidad del mal y la exploración de nuevas situaciones que pueden contener para la persona semillas de desastre. Lo más común es, sin embargo, la aspiración a un cambio de vida, y a embarcarse en nuevos planteamientos y caminos de la existencia. Se considera que la elección primera ha sido un producto de la casualidad o del entrecruce de circunstancias y factores no deliberadamente queridos, y que habría llegado el momento de reorganizar la vida en base a una decisión que se supone, esta vez, verdaderamente libre y bien meditada. El hombre cree que todavía es tiempo de construir una vida nueva feliz, que sustituya a la anterior.

Respira y piensa en este tipo de discurso uno de los más peligrosos enemigos de la fidelidad a los compromisos. El paso del tiempo no habría confirmado y decantado las actitudes y decisiones fieles, sino que, por el contrario, los habría vaciado y deconstruido.

Lo serio de esta situación es que no se trata de un proceso maquinal o técnico, sino de un curso vital en el que se resuelve un destino humano. No interesa al engranaje de un sistema neutro, sino a la existencia misma de una persona. La llegada a la madurez de edad puede precipitar a veces en algunas personas, más o menos inesperadamente, una conmoción interior, que provoca una especie de actitud revisionista.

En semejantes circunstancias, una persona imprudente podría llegar a replantearse sus compromisos y su llamamiento, y efectuar un verdadero salto existencial en el vacío, no un salto de progreso sino de deterioro tal vez irreparable.

Se conmueven los elementos del cielo, y se mueven también las conciencias y las voluntades de muchos hombres, fascinados por el cambio.

Consuela e impresiona la decisión de muchos hombres y mujeres que en la madurez, e incluso en el otoño de sus vidas, han sabido volverse a Dios, o tomarse radicalmente en serio el servicio a los demás y a la causa de la religión. Produce, en cambio, tristeza y consternación contemplar el caso contrario, cuando alguien se desdice de las mejores determinaciones y opciones que adoptó en su vida, para abandonar su camino, o al menos empequeñecerlo.

3. La fragilidad y debilidad humanas, que alientan una voluntad egoísta

No es solamente el orgullo y la afirmación personal humana lo que descentra frecuentemente el carácter y es causa de infidelidad a las promesas hechas a Dios o a los hombres. La innata debilidad del ser humano que es carne, y parece estar hecho de volubilidad e impermanencia, nutre también la cizaña y las malas hierbas que pueden ahogar, y de hecho ahogan en muchas ocasiones, la planta de la fidelidad.

Sin motivos ni deseos especiales de afirmación personal, el hombre y la mujer sucumben a veces, silenciosa o ruidosamente, a la presión y a la tentación de abandonar. El espíritu humano alberga, como parte de su fragilidad, una notable capacidad de ligereza y banalidad ante bienes importantes que posee o que se presentan ante él. Esta frivolidad puede conducirle a despreciar y a dilapidar tesoros inestimables. Es un trasunto de la posible indiferencia con la que hombres vulgares pasan junto a lo grandioso sin darse cuenta y sin que deje una huella en sus vidas.

Instructivo y clásico es el conocido episodio bíblico de Esaú, que vendió ligeramente la primogenitura a su hermano Jacob por un plato de lentejas. «¿Qué me importa a mí la primogenitura?»[6], había exclamado Esaú. El capricho de un momento había cegado sus ojos, y le había hecho olvidar la responsabilidad y el actuar juicioso a que le obligaba su condición de primogénito. Porque hay derechos que son al mismo tiempo deberes. Olvidó así su llamada, y no recibió una nueva oportunidad. El llanto estéril con el que pidió a su padre Isaac una nueva bendición no enderezó las cosas. La ligereza había tenido efectos desastrosos, y la caída del pobre Esaú venía a contrastar con lo que poco antes parecía un destino glorioso. «No hallé —escribe San Agustín— personas mejores que las que adelantan en la santidad, pero tampoco las he encontrado peores que las que la abandonaron, hasta el punto de que pienso que a esto se refiere lo escrito en el Apocalipsis: "El justo justifíquese más y el corrompido corrómpase más aún"»[7].

Existe también la inmadurez de quien, presa del entusiasmo y sin conocimiento suficiente de sí mismo, adopta decisiones y compromisos arriesgados, que muy previsiblemente será incapaz de cumplir. Este es el triste caso de muchos jóvenes que van al matrimonio sin conocimiento verdadero de las obligaciones que asumen, y sin una voluntad suficiente para cumplirlas, cuando suponen vagamente cuáles puedan ser.

---

[6] Gen 25, 32.

[7] *Epístolas* 78, 9.

Una de las causas principales de crisis de fidelidad al compromiso definitivo del celibato, en el sacerdocio o en el estado religioso, ha de buscarse en lo quebradizo de la decisión inicial. Basta que la opción irrevocable por la vida célibe se haya tomado sin suficiente deliberación ni consejos válidos, sin una auténtica implicación interior de la persona, o de modo irreflexivo e irreal, por presiones familiares, sociales, o de grupo, para que aumente seriamente el riesgo de un fracaso. Lo mismo puede decirse de un «inicio falso», en el que la persona se compromete sin medir y pesar seriamente las exigencias que asume, ni el peso y las consecuencias de una decisión definitiva.

Hay situaciones atípicas que pueden plantear al sujeto comprometido con Dios, a través de una institución eclesiástica, delicados problemas de conciencia. Siempre ha podido haber en la historia de la Iglesia instituciones que por esclerosis o por apartarse del carisma original legado por los fundadores, han atravesado situaciones de crisis, temporales o definitivas. La extinción final, cuando se produce, suele ser el coronamiento de un proceso de decadencia espiritual en el que la institución no es ya capaz de realizar los fines para los que nació, ni puede proteger y nutrir la vida e ilusiones cristianas de quienes siguen siendo sus miembros.

Se trata sin duda de una situación dolorosa, que pone a prueba la decisión de fidelidad de hombres y mujeres que han comprometido allí su existencia cristiana y su futuro espiritual. Se les pide entonces distinguir claramente entre la crisis colectiva de su familia moral y los deberes de fidelidad a Dios y a la Iglesia, nunca extinguidos, que en su día libremente contrajeron.

La superación personal de las circunstancias temporales implicará muy probablemente descubrir y actualizar dentro de sí mismos la capacidad no sólo de permanecer fieles a su primera llamada, sino de poner en ejercicio una alta visión de lo que ocurre, y una actuación que podría ser heroica.

Los dilemas y desafíos espirituales creados por estas situaciones, que no son imaginarias sino muy reales en el presente, como lo han sido también en el pasado, pueden ocasionar en algunos decisiones últimas y dolorosas. Se cuentan entre ellas la opción meditada, y seguramente responsable ante Dios y ante la propia conciencia de abandonar la institución cuyo carácter ha cambiado, y que, afectada irreparablemente por una deriva espiritual, ha devenido una amenaza para las creencias y la moral de quienes viven en ella.

Estaríamos entonces ante defecciones y desgarros motivados por una verdadera fidelidad al Evangelio, y emprendidos como vía última para enderezar y sanear una situación personal, que no puede ni quiere ser solidaria del derrumbe moral colectivo.

Cuando alguien no es capaz de solucionar el dilema sin alterar su fidelidad a Dios, y opta por abandonar todos los compromisos, es responsable ante su conciencia, que en buena ley no deberá justificar la propia defección invocando la crisis de su familia espiritual. Pero es indudable que en semejantes situaciones hay otros que tienen pecado mayor y que habrán de asumir ante Dios una responsabilidad por las crisis y abandonos que puedan haber ocasionado.

La fidelidad está llamada a crecer y a consolidarse a lo largo de la vida por los desafíos y obstáculos que ciertamente encontrará. Tiene sus particulares amenazas y tentaciones, sin las cuales nunca podría configurarse como alma y forma de la vida espiritual. Sólo los seres capaces de guerra pueden elevarse a la paz. Sólo los hombres y mujeres, todos ellos capaces de pecar, pueden elevarse a la santidad. Sólo los seres capaces de ser infieles, que pueden hacer el mal y no lo hacen, pueden elevarse a la fidelidad.

Los avatares e imprevistos de la existencia son el *test* y la piedra de toque de la fidelidad. Escribe Zweig: «No se apartó de mí aquella sombra imposible de sacudir; se cernía sobre cada uno de mis pensamientos, día y noche... Pero toda sombra es, en última instancia, hija de la luz. Y sólo quien ha experimentado acontecimientos claros y oscuros, la guerra y la paz, el ascenso y el descenso, sólo ése ha vivido en la verdad»[8].

4. Traición y apostasía

Del corazón humano no salen únicamente las impurezas y todo lo que en verdad puede contaminarle. Salen también las traiciones. Los traidores pueblan la historia universal, casi tanto como los hombres y mujeres fieles y leales, y se reflejan ampliamente en la literatura. La Biblia nos habla ya de traiciones a Dios y a los hombres, y en las narraciones y episodios iniciales de «crimen y castigo», que llenan los primeros capítulos del Génesis, aparece la figura trágica de Caín, que traiciona y mata sin motivos aparentes, a su hermano Abel, solamente porque éste era bueno. Es el misterio del mal en el interior del hombre.

---

[8] *El mundo de ayer*, Barcelona 1955, 406.

Judas, «el que le entregó» (Mc 3,19), es una figura eterna, pero no es un símbolo, sino un hombre de carne y hueso. No ha dado lugar a ningún mito literario de perversión humana, como ocurre con Prometeo, el rey Midas, don Juan, o Fausto. Sencillamente porque es un personaje real, un actor verdadero en el drama de la humanidad, que parece encarnar la esencia de la traición.

No hablamos aquí, como es lógico, de la traición como calificación legal de unos actos, omisiones o actitudes. Con gran frecuencia las acciones humanas que las leyes sancionan como traición nada o poco tienen que ver con comportamientos moral y auténticamente traidores. Tomás Moro y Juan Fisher, entre otros, fueron ejecutados legalmente por traición. Y la historia de los países y de las sociedades se encuentra plagada de asesinatos judiciales, sufridos por personas inocentes a quienes la crueldad política había calificado de traidores.

Pero la traición verdadera, que rompe la fidelidad debida y recibe normalmente un serio juicio moral, existe realmente y se produce con mayor frecuencia de la que cabría esperar.

La traición es un acto gravemente inmoral, que entraña una particular alevosía, por el que alguien atenta contra personas o instituciones a las que debe natural lealtad. Supone en el traidor una conducta inesperada que los demás no podrían prever, y una cierta situación de indefensión inicial por parte de los agraviados, a los que muchas veces se les hace imposible o muy difícil protegerse.

Las acciones o comportamientos traidores de esta clase caben en todos los ámbitos y terrenos. La historia humana antigua y contemporánea señala frecuentemente conductas traidoras en la vida militar, económica, comercial, y política. Muchas veces son acciones innobles que pueden recibir nombres diversos, pero cuya esencia es en último término la traición.

Pero ésta se produce también en quiebras de fidelidad que afectan directamente a la vida familiar y a la amistad. La relación conyugal puede ser un campo en el que alguno de los esposos incurra de hecho en una conducta traicionera respecto al otro, con mala voluntad y con el deseo expreso de ocasionar dolor o un perjuicio material. Ocurre asimismo, como triste posibilidad, que energías y recursos a los que la familia tiene derecho se dilapiden o se destinen a otros fines, que en tal caso devienen ilícitos.

La enemiga activa que algunos pueden practicar sin causa suficiente alguna contra personas que esperan amor y amistad, o contra el propio hogar espiritual obedece siempre a una causa, encerrada generalmente en las profundidades, a veces inescrutables, del alma traidora.

Se ha producido un vuelco en los sentimientos, y desde luego en la conducta, debido a resentimientos, intereses, ambición, despecho, afán de venganza... El traidor convencional suele ser un espíritu movedizo y débil, absorto en una vida propia que no suele comunicar a nadie, y experto en disimular y fingir.

Siempre han existido hombres renegados, de espíritu mercenario, que albergan la tendencia casi innata de entregarse o venderse al mejor postor. Son gente que tiene un precio, más o menos elevado según las circunstancias.

Los cristianos renegados constituyen una tipología de todos los tiempos de la Iglesia. La traición espiritual e interior a la fe recibida, acostumbra a ir unida en ellos a ventajas materiales. De otro modo estaríamos sólo ante episodios personales de silencioso abandono de la fe cristiana.

Renegados de la fe no han sido únicamente los cristianos que llevados por el interés material, servían, por ejemplo, militar o técnicamente a la potencia turca durante los siglos XVI y XVII. Agrandaban y potenciaban así las capacidades bélicas y políticas de un Imperio cuyo objetivo primordial era liquidar la civilización y la cultura católica de Occidente, para establecer la propia hegemonía socio-político-religiosa, inspirada por el Islam. Los renegados constituían por lo general un caso típico de traición espiritual. Pero su conversión al Islam no era en realidad un asunto de conciencia sino la expresión de una opción temporal que consideraban más conveniente.

A partir del siglo XVIII, abunda especialmente en Occidente un tipo de hombre más bien intelectual y educado, que después de abandonar la fe cristiana y la Iglesia, adopta con espíritu militante una línea de acción agresiva contra la que fue su familia espiritual. Suelen ser personas cultas, de alma resentida y venal, que expresan los pretendidos agravios que llevan dentro, mediante denuncias violentas y airadas en el campo de las ideas religiosas o en la arena socio-política. A veces disfrazan y ocultan su odio, o los intereses materiales y de prestigio social que les mueven, con declaraciones y autojustificaciones de honestidad personal, dignidad humana y amor a la justicia.

Esta clase de personas no deja de estar presente en los medios de comunicación que de modo sistemático y habitual atacan a la Iglesia y tratan de disolver los valores cristianos. Invocan los presuntos conocimientos y experiencias adquiridos durante su vida como creyentes, para reforzar la validez de sus afirmaciones e interpretaciones calumniosas o desfiguradas.

Son hombres contaminados de una virulenta patología secularista, dedicados a ennegrecer la faz de la Iglesia, o lo que consideran causas católicas, con un celo digno de mejor causa. Presentándose ante la opinión pública como defensores insobornables de la verdad y de la justicia, explotan en realidad los prejuicios sociales y ambientales de moda en cada momento. En realidad, su actuación obedece casi siempre a las ventajas derivadas de pactos tácitos o expresos con instancias y gentes oscuras, que nunca dejan ver su auténtico rostro.

La apostasía de la fe es un fenómeno diferente pero responde también, de modo más pacífico, a una honda crisis de fidelidad en el sujeto, respecto a los valores y misterios fundamentales de la religión católica. La apostasía es el repudio y abandono completo de las creencias cristianas de quien ha recibido el bautismo en la Iglesia de Jesucristo. Suele ser el final de un proceso provocado en el sujeto por una tendencia del carácter, que deforma el ser moral y religioso, pervierte el juicio de la conciencia, y empuja al error y a la rebelión silenciosa o exteriormente manifestada, contra la Iglesia.

Algunas veces se describe al apóstata, con notable eufemismo y ocultamiento de la realidad, como el hombre que al entrever o descubrir para la cuestión religiosa una solución que estima más perfecta y válida que la fe católica, abandona esta última con la certeza de realizar un acto de independencia e incluso de lealtad hacia lo mejor de sí mismo.

Una descripción de esta naturaleza parece crear una presunción favorable a la causa de la incredulidad, como ejercicio de una personalidad auténtica y sincera. El apóstata se encontraría en excelente situación para observar y juzgar de cerca y desde dentro el catolicismo. Si lo abandona, cabría pensar que ha reflexionado antes de hacerlo, y que ha valorado los riesgos que pueden seguirse para su futuro espiritual.

Pero en realidad las cosas no ocurren de este modo. Dejar la Iglesia supone traicionar la verdad, que es el oxígeno de la vida auténtica. El apóstata es víctima de una desgracia que no le ha venido sin responsabilidad personal. Ningún apóstata consigue, ni ha conseguido nunca, demostrar claramente la legitimidad de su ruptura con la Iglesia.

La apostasía de la fe es un fenómeno enigmático que reviste, en su gestación y desarrollo, múltiples modalidades. No existen dos caminos de conversión a la fe que puedan considerarse idénticos, y tampoco hay dos apóstatas que hayan dejado de ser católicos siguiendo el mismo itinerario íntimo.

Pero siempre hay que tener en cuenta que los obstáculos y dificultades que el incrédulo en ciernes invoca contra la fe y creencias cristianas suelen ser de carácter moral, mucho más que intelectual. Al apóstata «no le interesa», por así decirlo, que la doctrina y los principios morales católicos sean verdaderos. Si las bases de conducta de un individuo se hallan saneados y firmes, ocurre, como afirmaba Newman, que «mil dificultades no consiguen crear una sola duda».

Cuarteados los presupuestos y las condiciones morales, el mal de la incredulidad se propaga sordamente con vestes diferentes. *Larvatus prodeo*: avanzo disfrazado. Se trata de una infiltración lenta, progresiva, y que parece inexorable, aunque nunca lo sea completamente. El futuro apóstata, que ha comenzado ya a serlo, al admitir y alimentar ciertos sentimientos y pensamientos, prepara su evasión con la complicidad de aliados complacientes y simpáticos.

Con el *shock* de un suceso que puede ser insignificante y sin trascendencia alguna en condiciones normales, se ha roto el equilibrio y la apostasía se ha consumado. Se ha producido un vuelco espiritual, un cataclismo, cuyo resultado es un tránsfuga de la fe. Parece un ser nuevo, aunque en realidad esa novedad desgraciada puede no serlo en absoluto. Porque se conecta en realidad, mediante una larga cadena de eslabones interiores, a gérmenes iniciales, y tal vez a una tendencia original y perversa del carácter, que ha dominado finalmente sobre las demás, y crecido desmesuradamente en detrimento de ellas. Algo negativo que estaba oculto y larvado en el temperamento conquista salvajemente el conjunto.

El apóstata ha cambiado de ideas, pero estas ideas que habían configurado antes su personalidad y le ayudaban a vivir como cristiano y como hombre, siguen siendo verdaderas. Quien abandona la fe ha sufrido una ilusión óptica, o se ha dejado seducir por un espejismo, que puede ser también a veces una pesadilla del alma.

Ha cambiado para él el sentido y el fin de su vida. Y este cambio entraña una modificación más o menos radical, y una revisión de muchos juicios anteriores. Pero los nuevos juicios y sentimientos toman su valor y dependen de la inclinación que los inspira. Cuando se juzgan las cosas, las ideas, y las personas, desde una mentalidad prevenida o desde prejuicios firmes, se presta a frágiles argumentos y a visiones retorcidas un peso y una dignidad de los que carecen.

Los apóstatas de la fe no son simples libertinos. Lo cierto es que si la renuncia a las creencias cristianas responde únicamente a desequilibrios en la conducta, puede producirse más fácilmente una rectificación y una vuelta a las convicciones cristianas. Abundan en efecto las apostasías de hecho de quienes, olvidados prácticamente de su religión, se confiesan, sin embargo, creyentes. Cuando la apostasía ha sido desencadenada por una aberración intelectual, el retorno puede ser más difícil y exige un acto de humildad.

Es razonable suponer que la apostasía, que es ruptura del vínculo de fidelidad hacia la Iglesia, y probablemente también a Dios, deteriora las condiciones interiores para vivir otros compromisos de fidelidad de la persona. Porque la lealtad a la Iglesia y a la fe cristiana reviste un carácter protector de otros vínculos morales y espirituales.

VII. Los soportes de la fidelidad

Conviene ahora considerar las fuerzas espirituales y los instrumentos humanos que conducen hacia el centro verdadero de la vida personal fiel, y ayudan decisivamente a que la existencia del hombre sea coherente consigo misma en la aventura arriesgada de la fidelidad. Los factores que coadyuvan a la fidelidad del ser humano a sus compromisos sustanciales lo hacen de modo desigual, pero convergente, y son de distinta naturaleza. Testimonian así la admirable fusión de lo divino y lo humano que preside la dinámica de esta virtud.

1. Claridad de principios según las enseñanzas cristianas

La práctica adecuada y coherente de la fidelidad exige que el hombre y la mujer que han de vivirla tengan bien diseñada y explícita en su mente la verdadera naturaleza de aquello a lo que se comprometen. Se trata de sanar, por así decirlo, los fundamentos de la fidelidad, liberando su régimen y su sentido de posibles equívocos, confusiones, y eslóganes, que obran fácilmente, por ignorancia personal o por influencia del ambiente, en el ánimo del sujeto. Hay que saber dónde está el norte, para adoptar y mantener una correcta orientación.

La fidelidad implica casi siempre la adhesión libre y motivada de la persona a unas pautas y cauces ya establecidos de comportamiento, que suelen reflejar la naturaleza, también establecida, de una institución, de las muchas que vertebran y configuran la existencia y los proyectos humanos. Este hecho moral supone la integración reflexiva y calculada del hombre en un universo espiritual de valores que él no ha creado, y que encuentra ante sí a modo de bienes comunes de seres libres, llamados a la dignidad que les corresponde.

Conocer y aceptar el significado y el alcance correcto de esas realidades divino-humanas es de suma importancia para la persona que debe decidir entre los diversos caminos y alternativas que se le ofrecen para emplear su libertad. La fidelidad iniciaría un arranque en falso y una vía imposible, si el sujeto que desea comprometerse no despeja primero las dudas que pueblan en ocasiones el ambiente cristiano en torno al sentido del matrimonio, la naturaleza del sacerdocio ministerial, y el ideal evangélico de la virginidad. La falta de conocimiento en estos extremos provoca que muchos se muevan a la acción sin saber bien lo que hacen, y confundan la ficción con la realidad. Lo mismo debe decirse respecto a los deberes para con Dios, que han dejado de ser para muchos principios irrefutables de la existencia humana.

Igualmente decisivo es el examen de las premisas psicológicas y mentales con las que se aceptan y se viven por un ser finito y sujeto a las contingencias temporales, compromisos que llevan un sello de permanencia y de incondicionalidad, que parecerían sustraerlos a esos avatares.

El pensamiento filosófico ha introducido paradojas y llegado a conclusiones enigmáticas, tales como imaginar que la infidelidad puede ser en condiciones normales la máxima expresión de la fidelidad auténtica, y que el hombre es precisamente el ser capacitado para demostrar fidelidad en lo que muchos consideran superficialmente infidelidad. Análogas paradojas existenciales permiten a algunos afirmar que el incrédulo es el que cree verdaderamente, porque ha eliminado en su interior todos los posibles «ídolos» de lo divino, fabricados por las tradiciones religiosas; y decir por tanto que quien niega a Dios en serio, lo está en realidad afirmando. En esta trastocación de valoraciones y perspectivas, puede resultar fácilmente que la infidelidad a los compromisos formalmente contraídos por la persona sea considerada en último término una manera de vivir la fidelidad «de incógnito».

Diversas opiniones flotantes y escritas acerca del matrimonio, su naturaleza, y los deberes y derechos que derivan de la relación matrimonial, han debilitado la idea de la institución en la mente y en el ánimo de muchos cristianos, y sembrado dudas de graves consecuencias acerca de los compromisos conyugales. Este hecho se vincula estrechamente a la problematización actual de la familia, constituida sobre el consentimiento matrimonial indisoluble, como conjunto de personas unidas por el amor y por un deseo operativo de compartir la vida, que mantiene una relación estable y fecunda.

La institución matrimonial ha sido y es el blanco de reinterpretaciones que vienen a deformar su carácter, y a cuestionar la práctica conocida de la vida conyugal y familiar. Se la presenta en ocasiones como un elevado ideal, que sería prácticamente imposible realizar según la figura normativa enseñada y regulada por la Iglesia. Se sublima el matrimonio, de modo que parezca un proyecto espiritual y humano, prácticamente irrealizable por la gran mayoría de los hombres y mujeres cristianos. Si ha de ser un camino de vida para la muchedumbre —se dice—, la disciplina matrimonial teológico-canónica debe sufrir cambios importantes, que hagan más fácil y asequible abrazar y vivir el matrimonio.

Otras veces se insiste casi exclusivamente en el amor mutuo de los contrayentes, como esencia de la unión matrimonial, dejando de lado o restando importancia al hecho de que es el consentimiento de los esposos, y no el amor, lo que hace realmente el matrimonio. Las demás dimensiones de carácter personalista vienen también a construir el matrimonio, pero lo hacen en torno al consentimiento, que hace la unión matrimonial monogámica e indisoluble.

No debe olvidarse en ningún caso que el matrimonio es imagen terrena de la fidelidad de Cristo a su Iglesia. Esta consideración capital es la raíz para la comprensión y realización en el tiempo de la unión conyugal, establecida por Dios desde el comienzo de la Creación, y que los hombres tienden a desvirtuar por motivos diversos de pragmatismo, tendencias egoístas, oscurecimiento espiritual, y concesiones al secularismo.

No menos destructivas y desorientadoras han resultado las discusiones y polémicas acerca del sacerdocio ministerial y del celibato, intensificadas casi siempre por presiones mundanas. El cuestionamiento del ministerio ordenado en su sentido eclesial y evangélico, y en su realización práctica, se ha manifestado en debates agrios acerca de si el sacerdocio debe totalizar o no la existencia del hombre que ha recibido la ordenación; sobre la mediación cultual y el lugar de la predicación en la tarea del sacerdote; sobre la implicación de éste en actividades temporales; y su situación y figura teológica con respecto a los laicos, y al mundo. Igualmente intensas han sido las discusiones acerca de la posible equiparación del sacerdocio ministerial al sacerdocio común de los fieles.

El celibato sacerdotal ha sido objeto por sí mismo de serios debates, en los que no han faltado apreciaciones e intervenciones populares y de los medios de comunicación, más o menos bien informadas y genuinas. La discusión se ha centrado especialmente acerca del sentido del celibato, su vinculación necesaria u opcional con la ordenación del presbítero, y con la posibilidad de un celibato *ad tempus*.

El resultado de estas discusiones y tomas de posición ha servido en muchas ocasiones para un desarrollo fecundo, tanto en las grandes líneas cómo en el detalle, de la reflexión sobre el sacerdocio, que ha visto sin duda reforzada su percepción por parte de la Iglesia y de los cristianos. Pero ha engendrado también indefinición acerca de lo que el sacerdocio católico significa, y el modo en que haya de realizar sus tareas en la Iglesia y en el mundo. Muchos sacerdotes han podido afirmar, en buena o mala conciencia, que no sabían ya exactamente lo que eran ni lo que representaban en la vida eclesial.

La Iglesia, sin embargo, ha mantenido su concepción dogmática del sacerdocio ministerial, y de la disciplina que los presbíteros han asumido en la ordenación como norma de vida, y en comunión con el resto de los estamentos y carismas eclesiales. El Concilio Vaticano II (1962-1965) ha permitido profundizar y ampliar la teología del sacerdocio, su espiritualidad, y el sentido de la disciplina sacerdotal, incluido el celibato. El sacerdote aparece nítidamente en la primera línea de la misión santificadora de la Iglesia, estrechamente unido al obispo y a sus hermanos del presbiterio diocesano. El celibato sacerdotal es signo y estímulo de santidad y se destaca sin equívocos como un don de Dios libremente aceptado, y no como una imposición jurídica, accidentalmente vinculada a la ordenación. Significa ante todo disponibilidad abierta a todos los proyectos divinos.

Los votos religiosos y monásticos han recibido igualmente un perfil definido, en su sentido escatológico, y en su amable obligatoriedad, libremente asumida *propter regnum coelorum*. La vida religiosa acentúa en quienes la adoptan los aspectos profundos por los que la Iglesia no es de este mundo, y sin definirse necesariamente por la *fuga saeculi* o el *contemptus mundi*, mira fija y esperanzadamente hacia el más allá de Dios.

Para ser fiel, hay que saber bien, ante todo, cómo son las cosas. Se cumple el dicho culto de que «nada hay tan práctico como una buena teoría».

Parece obligado preguntarse ahora cómo un ser finito y condicionado temporalmente, como es el hombre, puede hacerse capaz de decisiones que le comprometen de por vida hasta la infinitud de la eternidad, y que revisten un carácter incondicionado. La idea misma de que seres tan limitados como el hombre y la mujer puedan vincularse de un modo absoluto por una promesa, hecha a Dios o a sus semejantes, viene cargada de una formidable tensión. ¿Cómo puedo comprometer definitivamente mi futuro, cuando resulta que, por mi finitud y contingencia de criatura, no puedo estar, ni estoy de hecho, disponible para mí mismo?

El hombre no dispone de sí mismo. Sólo Dios se halla en posesión completa y plena de Su propio Ser divino. El ser humano no ha dispuesto su existencia, ni cuál ha de ser su fin último, ni tampoco los medios para conseguirlo. Es un ser *situado*, como ha subrayado la filosofía existencial, para extraer de esa afirmación consecuencias erróneas o acertadas. Todo lo que tiene que ver con el hombre parece caracterizarse por una cierta necesariedad, y a la vez por la imprevisibilidad y la deriva que son propias de un ser pasajero como un soplo de viento o la forma de una ola.

Y sin embargo esta cuestión de cómo se aúnan lo finito de su ser con las pretensiones de infinito que anidan en el corazón humano, se halla respondida de hecho, a nivel empírico, por el conjunto innumerable de hombres y mujeres que han permanecido fieles a sus compromisos hasta el final de sus días. Lo que puede presentarse a nivel teórico como una aporía, se resuelve con sencillez y de modo inmediato, observando las experiencias positivas de la humanidad, y sobre todo de la Iglesia, a lo largo de generaciones.

Esto no significa que las preguntas planteadas pierdan su sentido. Tratar de responderlas resulta necesario, porque permite analizar con más detalle el sentido y el régimen divino-humano de la fidelidad. El observatorio adecuado y el instrumental de ideas para responder no proceden principalmente de la psicología del hombre ni de lo que cabe esperar habitualmente del comportamiento meramente terreno. Las contestaciones y las claves de sentido han de buscarse en el misterio cristiano. Aquí radican lo que podemos denominar *aspectos de fondo*, que no excluyen otros más próximos a la experiencia cotidiana de los hombres y de las mujeres.

Es decir, la apreciación interior fundamental que está en la raíz del compromiso perenne y de la palabra dada, que contiene una carga y unas virtualidades superiores a sí misma, solamente puede ser de orden religioso. Nos pone en comunicación con lo que podemos denominar con rigor *el misterio de la eternidad presente en el tiempo de los hombres:* no sólo en el tiempo de la Iglesia (*tempus Ecclesiae*), sino también en el tiempo y en la duración irrepetibles de la existencia de cada individuo.

El tiempo, no sólo el tiempo de la física sino el tiempo de la historia de la salvación humana, apunta hacia la eternidad; pero dado que tiempo y eternidad no son dimensiones meramente colindantes, ocurre que la eternidad se infiltra continuamente en el tiempo, por así decirlo, y colorea la vida humana creyente con anticipos, silenciosos o explícitos, de infinito.

Puede afirmarse en verdad, y hablando formalmente, que «la eternidad en el tiempo» vale como una cierta definición del Cristianismo, y de todo lo que lleva en la persona el sello cristiano. Lo cristiano personal contiene ya dentro de sí un carácter de permanencia, que debe sin embargo consumarse en el más allá definitivo de Dios. La eternidad se incoa y se anticipa en el tiempo de los hombres, así como en las actitudes y virtudes cristianas, y confiere a ideales y propósitos humanos un aire de perennidad. Se cubre de ese modo el espacio, que podría parecer insalvable, entre lo finito y lo infinito, porque lo finito no es finitud a secas, sino apertura a lo eterno y definitivo en un régimen de gracia que viene de lo alto.

Hay así semillas de fidelidad que le vienen al hombre con el llamamiento de Dios, viven y se desarrollan dentro de él, y le llaman continuamente hacia sus orígenes espirituales.

«Vocabit nos ante mundi constitutionem». La fidelidad se halla por tanto virtualmente presente en el ser humano invitado particularmente a vivir la vida de Dios. Pero todavía debe consumarse. Todavía hay que llegar realmente al final.

Es éste el precio de la espera y el tributo de precariedad, que exige inevitablemente la condición temporal del ser humano, que avanza como viador hacia la eternidad paso a paso, por el camino de la vida, sembrado siempre de riesgos y amenazas interiores y exteriores.

Intervienen necesariamente en este proceso espiritual las virtudes teologales: fe, esperanza, caridad. Se unen en ellas dentro del hombre la vida cotidiana temporal y la vida eterna definitiva, ya incoada en la tierra. Son el puente entre lo finito y lo infinito, tanto esencial como operativamente.

Las tres virtudes teologales concretan la presencia de la eternidad en el tiempo, y puede decirse que la fidelidad del hombre —que es una realidad y al mismo tiempo un quehacer— equivale a una situación espiritual, determinada y construida por esas tres virtudes, al margen de otros sentimientos, afectos, y nociones que puedan acompañarlas. La fe, la esperanza y el amor originan y luego impulsan y mantienen la fidelidad, que siendo un valor que se vive en la tierra, goza sin embargo de la solidez y estabilidad de aquéllas. Las tres virtudes pueden concebirse como las alas o el motor de la fidelidad, que resulta atraída permanentemente por el imán de lo eterno.

El alimento máximo e imprescindible de la fidelidad a Dios y a las personas que vertebran la existencia del hombre es la Eucaristía. El Sacramento del Cuerpo y la Sangre del Señor es el misterio de fe por excelencia, prenda única de la esperanza, y fuente y estímulo del amor. En este banquete sagrado, viático de la vida cristiana, se concentran admirablemente pasado (*recolitur memoria passionis eius*), presente (*mens impletur gratia*) y futuro escatológico *(et futurae gloriae nobis pignus datur*). Es la eucaristía la que rompe y hace relativas y porosas las barreras del tiempo, y lleva a la eternidad, que contiene ya ella misma como anticipo durante el curso terreno de la Iglesia y del hombre cristiano.

Hay compromisos que pueden ser reconocidos y vividos por el hombre como trascendentes, con un régimen y una legalidad que van más allá de las aportaciones y datos posibles de la experiencia. Suponen en suma el respeto y la atención a la verdad última sobre Dios, sobre la realidad, y sobre uno mismo.

La fidelidad es entonces un ideal virtualmente realizado desde el primer momento de la conciencia mediante el propósito de vivirla, pero todavía debe desplegarse en el tiempo, cuyo curso contiene sorpresas. La fidelidad no es una situación inmóvil o estática. Se halla siempre en movimiento, no sólo porque lo exige la dirección hacia la meta, sino porque ha de soportar obstáculos, pruebas, contrariedades e imprevistos de la vida. Precisamente la superación de obstáculos forma parte esencial de la construcción diaria de la fidelidad. Es como una dialéctica fecunda de lo negativo. Hasta que el hombre justo no es tentado por sus enemigos espirituales y vence la tentación, no puede saber con certeza si está siendo fiel.

La fidelidad sólo se consolida y hace firme —como un árbol— con el paso del tiempo. Mientras estamos en este mundo de contingencias, vivir es cambiar, y la perfección y el acercamiento al ideal propuesto supone en el hombre y en la mujer haber cambiado mucho a mejor. Esto es así porque el ser humano no es solamente una esencia, sino también una historia, en la que los sucesos, asumidos libremente y purificados de ganga caduca, se incorporan a la identidad de la persona.

El hombre no conoce con total certeza el futuro ni sabe con detalle lo que le reserva el porvenir. *In manus tuas tempora mea.* Pero sabe, a través de la fe, la esperanza y el amor, lo esencial de su destino, en el que llegará a puerto y fondeará de modo definitivo, con el auxilio divino, la nave de la fidelidad.

La fidelidad a las promesas no solamente se hace posible por las consideraciones de fondo que acabamos de exponer. Se apoya también en aspectos psicológicos y empíricos de la personalidad humana, que tiene su base en la identidad de un sujeto que atraviesa fases y momentos distintos de desarrollo, sin dejar de ser él mismo.

Hay compromisos que son por esencia condicionales y transitorios, y que la persona no necesita tomarse al pie de la letra. Sabe que se puede volver atrás, sin que por ello resulte afectado el fondo de su ser. Pero ahora no nos referimos a vínculos accidentales de quita y pon.

El Yo profundo del hombre, que es raíz de su permanencia y de su conciencia estable, sabe bien, o al menos intuye, que no se solapa sin más con su presente inmediato. Sabe que no coincide con los distintos momentos de su curso vital, y que no se confunde, por tanto, con las situaciones diversas que se producen a lo largo de la vida. Aunque estas situaciones y esos momentos le enseñan y ayudan a ser él mismo, porque le descubren aspectos de su ser que aún desconocía.

Hay algo en nosotros, correlativo al yo profundo, que busca la estabilidad, como valor contrario a la disolución personal en una cadena sucesiva e ininterrumpida de opciones repentinas y nunca bien meditadas. Lo mejor y más nuclear del hombre suele más bien optar por la duración, y huye de la provisionalidad y de los experimentos vitales. La aventura existencial no es lo más propio del ser humano. El hombre ama la familiaridad de sus hábitos sensatos y del ambiente acogedor que estos hábitos crean en su entorno personal. Ama la rutina creativa, que no está desprovista de grandeza en su previsible y cierta reiteración de actos.

Esta condición humana no invita precisamente a un vegetar sin rumbo. El hombre se encuentra urgido por los valores, y en esa atracción emplea de manera excelente lo mejor de su libertad. La voluntad se determina a una decisión calculada de entrega, nacida del amor o de la adhesión meditada a un ideal, y se inicia entonces una historia que el sujeto protagonista se narra y se dice a sí mismo. Es la historia de una fidelidad, cuyas promesas se pueden nutrir de recursos del carácter que es propio de un ser que tiende a ser estable y que quiere ser coherente consigo mismo y con sus proyectos.

A muchos hombres y mujeres se les hace irrespirable un clima personal de infidelidad y de impermanencia, en el que no serían capaces de soportarse o de encontrarse a solas con una intimidad recalcitrante al compromiso estable, que es oxígeno para la existencia. Hay por eso gente que no es del todo fiel, pero que tiene una nostalgia de fidelidad, una querencia irreprimible para retornar las veces necesarias al camino recto.

El realismo de la vida dice al hombre que la fidelidad a las promesas es un asunto problemático. Su potencial pesimismo le advierte de lo incierto del futuro, y de posibles nuevas circunstancias y avatares que le podrían impedir llevar a cabo sus nobles propósitos y decisiones. Pero estas apreciaciones sombrías y desalentadoras se mezclan en buena hora con otras reflexiones más optimistas que parecen decirle: desconoces aún todas las energías que se encierran en ti, e ignoras aquello de lo que eres capaz: atrévete a persistir en tus objetivos dignos de un verdadero ser humano.

Hay en el desarrollo de la fidelidad un dramático aspecto de pelea, una dimensión agonal, un camino de obstáculos carente de atajos. Es parte del tributo que el hombre paga con temblor a la inseguridad y fragilidad de su existencia terrena. Sabe que deberá aceptar desilusiones que su ánimo podrá convertir en ocasiones creativas. Tendrá que asumir circunstancias y hechos —de fuera y de dentro de sí mismo— que elevan el costo y exigen renuncias mayores de lo esperado. Será necesario atravesar vados profundos en los que no se hace pie, resolver situaciones límite, y agotar todos los recursos disponibles, humanos y divinos.

La decisión tomada, llevada hasta el fin, pondrá a prueba su inventiva, y su capacidad de improvisación humana y espiritual. Es la aventura de la fidelidad.

2. Leyes, contratos, promesas, reglas religiosas

Agrupamos aquí elementos de diversa naturaleza, que tienen en común ser catalizadores y factores de fidelidad, aunque lo hagan de modo diferente. Originan en el hombre impulsos de fidelidad en sus variadas manifestaciones, y la estructuran en la conducta del sujeto que los adopta como norma de vida. Son homogéneos como denominador común de comportamientos fieles, y en su capacidad de crear y de motivar en los individuos una noble y libre conformidad, interior y exterior, a un orden superior no originado pero aceptado por la persona humana.

Hemos de mencionar en primer lugar a las *leyes civiles justas*, que proporcionan pautas de conducta afirmativas de valores, cuando estos valores son necesarios para la convivencia social, e incluso para la edificación y el progreso moral de los individuos. Las leyes ayudan o sirven a la integración del sujeto humano moralmente responsable en una legalidad ética y jurídica, que permite escapar al caos, las derivas y las turbulencias sociales. Proporcionan así a los individuos cauces y recursos de adhesión responsable y de cumplimiento, que son entrenamiento de actitudes morales y de fidelidades aún más altas. Las leyes humanas ayudan a que los hombres sean buenos, aunque no legislen directamente sobre materias espirituales, que no suelen ser su cometido.

Las leyes justas tienen por naturaleza la función social y colectiva de crear y mantener en los súbditos hábitos saludables de cumplimiento. Su eficacia se extiende asimismo a mostrar ejemplarmente criterios y modelos de comportamientos que son personal y socialmente recomendables, porque pueden educar la mente, la sensibilidad y la conciencia, de modo más o menos directo. «El efecto propio de las leyes —leemos en la *Summa Theologiae*— es hacer buenos a sus destinatarios, bien en un sentido absoluto, bien en un sentido relativo. Si el legislador se propone conseguir el verdadero bien que es el bien común regulado en consonancia con la justicia divina, la ley hará buenos a los hombres en sentido absoluto»[1].

Las buenas leyes humanas pueden ser, por lo tanto, un factor coadyuvante a la libertad y a la fidelidad, que es hija de la justicia debida a cada uno. No son meros dictados coactivos. Sirven en definitiva a la verdadera libertad del hombre y de la mujer, porque contribuyen a estimular en ellos, o a restablecer, sus actitudes correctas respecto al bien y al ejercicio de la fidelidad.

Ciertamente hacer algo porque lo manda la ley no puede ser nunca motivo último del obrar. Pero sobre ese estrato legal de cumplimiento se pueden y deben construir otros niveles del obrar que responden a motivaciones más hondas.

Hay una dimensión pública y una vigencia social de los valores recogidos en las leyes, que inciden sobre la conciencia individual y la ayudan a cumplir los deberes contraídos. Lo mismo puede afirmarse, con mayor razón, de las leyes eclesiásticas, que inciden directamente sobre la conciencia y la conducta moral. Las leyes permisivas o injustas obran generalmente el efecto contrario, porque no urgen la justicia ni la fidelidad a todos los compromisos.

Contratos y acuerdos entre personas conscientes de lo que hacen se llevan a cabo continuamente en el mundo de las relaciones comerciales y humanas en general, de modo público o privado, verbalmente o por escrito, y originan compromisos de fidelidad, siempre que hayan sido concluidos libremente y versen sobre materias u objetos justos. Por encima de las formalidades oficiales que pue-

---

[1] 1-2, 92, 1.

dan realizarse por utilidad, seguridad, o mandato de las leyes, el núcleo del contrato y de su obligatoriedad estriba en la palabra que los contratantes se han dado mutuamente. Su cumplimiento debe reflejar primariamente, en condiciones normales, la actitud natural de fidelidad entre dos o más personas que han convenido algo en un clima de confianza.

El contrato se establece para que sirva al compromiso moral. «Implica una complementariedad de las personas y una libre iniciativa que reconoce esa complementariedad»[2]. Aparte de sus consecuencias en el plano jurídico, el contrato produce efectos en el plano de la conciencia. Lo jurídico y lo moral suelen ser, por lo tanto, inseparables en la gestación, cierre, y realización.

Se trata de compromisos laicales que deben cumplirse por la honradez de quienes los contraen. Pueden ser acuerdos, tácitos o expresos, que surgen de modo espontáneo y natural en la vida ordinaria de relación social. Su carácter vinculante no depende necesariamente de haber sido formalizados por escrito o registrados públicamente. Porque la palabra dada obliga en conciencia, de modo que esos acuerdos se hacen moralmente exigibles por cualquiera de las partes, sin necesidad de que intervengan otras instancias de orden judicial, administrativo, gremial, etc.

Ciertamente todo acuerdo entre personas pertenece al orden de los medios, suele ser temporal, y rescindible por naturaleza si cambian ciertas condiciones. No es capaz entonces de expresar por sí solo todo el orden de la fidelidad, pero es en cualquier caso mediador entre la fuerza de la naturaleza y los imperativos dictados en ocasiones por las cir-

---

[2] M. NÉDONCELLE, *La Fidelidad*, Madrid 2002, 116.

cunstancias, y la nobleza e incluso la santidad de una voluntad que quiere ser fiel. El contrato también es así una palestra donde se ejercita la grandeza moral, con victorias y desfallecimientos. Los cauces contractuales ayudan siempre a la fidelidad, y recuerdan al sujeto los deberes que ha contraído.

El consentimiento prestado por los contrayentes en el matrimonio, el compromiso con Dios al que se obliga quien emite votos en una religión de la Iglesia, y las promesas del ordenado que lleva implícitas la ordenación sacerdotal, no sólo obligan a la fidelidad, sino que la protegen, y ayudan a hacerla posible. Son actos formal y solemnemente expresados externamente, y la afirmación que contienen está llamada a resonar toda la vida en el ánimo de los esposos, del religioso, y del presbítero que se ha comprometido al celibato.

Los esposos se adhieren a la institución matrimonial, y la realizan en sus vidas, a través del consentimiento mutuo que libremente prestan, se prometen fidelidad en un acto afirmativo de naturaleza contractual, pero que entre bautizados es un sacramento de la Iglesia.

Las Reglas de vida religiosa han sido históricamente en la Iglesia la normativa más típica y habitual, ordenada a producir en algunos cristianos una ascensión espiritual, que comporta la salvación del alma y la santidad interior. En las Reglas se hace norma el carisma y la visión espiritual de un fundador, de modo que ambos —carisma descendente de lo alto, y estructura o encarnación normativa de lo espiritual— se funden en un documento venerable, que deviene pauta de vida para quienes lo adoptan. Palpita en las reglas monásticas y religiosas la autoridad de quienes han traducido para sus hijos espirituales la visión de Dios y del mundo ganada en sus experiencias interiores. La voz del fundador equivale para los discípulos a la voz de Dios.

Para los hombres y mujeres que las abrazan, las Reglas buscan integrar el *sí* a Dios, el *sí* a la Iglesia, y el *sí* a cada uno de los que forman la comunidad. Son ciertamente un soporte de fidelidad.

El religioso establece mediante sus votos una relación con Dios y con Jesucristo, que puede considerarse esponsalicia, y presenta por lo tanto alguna analogía espiritual con el matrimonio. El religioso contrae con Dios una relación personal de amor y fidelidad. Lo hace con afirmaciones solemnes que expresan la voluntad de vincularse, y todo ocurre en el marco de la Iglesia, que deja registrado para siempre, en el cielo y en la tierra, un momento fundacional e inolvidable de la existencia.

Los variados compromisos que hemos considerado tienen en común que todos se perfeccionan en su obligatoriedad por el *sí* libre que los origina en la persona. Su forma se resume en el *sí* o en el *quiero*, formulados expresamente en presencia de testigos. Es un sí que se ofrece sin condiciones a Dios, al esposo, o al que conviene conmigo en un trato humano lícito. El sencillo acto exterior que declara inequívocamente la voluntad seria de comprometerse expresa un acto interior previo, que a pesar de su importancia decisiva no basta para el compromiso, ni tampoco basta para que la persona tenga noticia clara y certeza suficiente de que se ha comprometido.

El sí exterior confiere realidad verdadera y construye el acto interior, que sólo entonces adquiere una dimensión concreta en la vida y en la conciencia del sujeto. Porque hasta que el hombre o la mujer no ponen el acto exterior del sí y del quiero, no pueden conocer de modo fehaciente si desean en realidad contraer el compromiso. La unión del acto interior y del acto exterior es fundamental para el origen y el ejercicio de la fidelidad.

Los dos aspectos se influyen mutuamente en una relación que se asemeja a la que existe entre la mente y el lenguaje. Así como el lenguaje humano construye y vertebra la mente del hombre, también el acto externo fortalece la decisión interior, además de hacerla operativa. Acudir por tanto a la evocación y al recuerdo del acto externo mantiene viva la decisión tomada y ayuda a mantenerla fielmente. Es como si la palabra humana exterior participara de la fuerza de la Palabra divina, que hace lo que dice.

3. Espíritu de esfuerzo y actos de renuncia

La fidelidad no es un ideal abstracto, sino un proceso vital que la persona construye gradualmente en el tiempo. El hombre y la mujer son, bajo Dios, los protagonistas primeros y prácticamente únicos de su fidelidad. Intuyen poco a poco que la tarea de ser fieles a los compromisos que se han propuesto vivir, tiene algo de sobrehumano, y desborda las posibilidades ordinarias de la persona. Lo que parecía al principio un camino llano deviene relativamente pronto una cuesta empinada. Solamente entonces se le manifiesta al hombre el sentido de la fidelidad, que deja de ser sólo una palabra y un ideal nobles, y aparece como una empresa arriesgada, empapada de realismo.

La fidelidad tiene su hoja de ruta. Es como un itinerario existencial, con un resultado último que se contiene virtualmente en cada una de las etapas. Puede hablarse no sólo de una filosofía o de una espiritualidad, sino también de una pragmática de la fidelidad, que equivale en realidad a una ascesis en torno al conjunto de virtudes que componen la conducta fiel, y parecen anunciar la consumación que se espera.

El camino de la fidelidad es de largo recorrido, y suele ser accidentado, dada la condición humana. Ésa es al menos la percepción de la persona que lo recorre. A los ojos de Dios ese camino puede ser, sin embargo, lineal y sin falla, porque Dios ve más hondo, y sabe que los movimientos bruscos del sendero sirven para soltar lastre. Disfrazada a veces de vacilaciones, altibajos y desalientos ocasionales, que son tributo a lo frágil del hombre, avanza la fidelidad.

Es una aventura que podría recordar muy bien el viaje exodal del pueblo judío hacia la tierra prometida, que a algún lector de la S. Escritura en una sola dimensión, podría parecerle simplemente la narración grandilocuente de una cadena de fracasos y de frustraciones individuales y colectivas. Pero el caso es que al final, el pueblo elegido llega a la meta prevista por Dios. El pensamiento de la tierra prometida no le había abandonado realmente en ningún momento.

Afirma Orígenes: «no hemos de mostrar menos celo en conservar las virtudes que en adquirirlas»[3]. La fidelidad es una virtud capital, porque es como un racimo de disposiciones y hábitos virtuosos. El instinto de fidelidad a Dios puede no devenir pronto una segunda naturaleza en el hombre, pero hay que desear y ayudar a que ocurra

---

[3] *Homilías sobre Josué*, V, 1.

así. ¿Por qué no ha de hacerse algo ardiente, e incluso visceral, por así decirlo, en el ánimo?

Importa sumamente para conseguirlo prestar atención y cultivar las disposiciones y pensamientos que son condición directa e indirecta de fidelidad. La llamada interior que nos ha impulsado al compromiso que queremos guardar es un don de Dios, pero hemos de convertirlo en un aspecto nuclear de nuestra personalidad y fundirlo con ella. Ha dicho un poeta: lo que heredaste de tus mayores (Dios en este caso) esfuérzate en hacerlo tuyo, para poseerlo. Esa llamada viene de fuera, pero se origina también a través de nosotros, de nuestras ilusiones nobles, de nuestras facultades y potencias humanas. Implantarlas en nuestra existencia resulta entonces lo más natural, y también lo más sobrenatural.

Lo que heredaste, lo que has recibido de arriba: has de aprender a considerarlo realmente tuyo, para que se integre en tus instintos y se implante en tu entero ser, para que se incorpore a tus movimientos racionales y afectivos más íntimos. Es como una voz que nos dice: haz de lo que mueve y empuja las cosas hacia delante por el mejor camino, y las convierte en nuevas y valiosas, un principio personal. Haz de lo que has asimilado discursiva y escolarmente la razón de tu vida.

Es preciso recordar y evocar con alguna frecuencia los inicios de la decisión personal que divide nuestra vida en un antes y un después, y origina creativamente un compromiso de fidelidad, que mantiene desde ese momento una particular fuerza de atracción sobre todos los demás compromisos. Esa evocación, que nos recuerda lo que somos, es uno de nuestros mejores activos espirituales y humanos. Es como un manantial puro e inagotable de aguas limpias y purificadoras, fuente de energías nuevas, y raíz de impulsos necesarios y de iluminaciones sencillas y cotidianas.

Es bueno preguntarse algunas veces ¿a qué has venido?, y recordar la cándida y convencida vibración de la primera hora, cuando entramos gozosamente en nuestros compromisos. El eco de estos recuerdos está llamado a confirmar y reforzar en el espíritu y también en la sensibilidad el deseo primero, un deseo fundacional, por así decirlo, de inalterable fidelidad.

Un resultado inestimable será entonces dentro de nosotros lo que podríamos denominar «fe metódica» en lo que somos por deseo de Dios, y en los compromisos que se identifican con nuestra vida, porque le dan textura, volumen, y sentido. Inicio y coronamiento de estos procesos interiores es el amor, que se sitúa al comienzo, al final, y en todo el trayecto de la fidelidad.

Ésta se mueve por la dinámica de un compromiso y de una promesa de amor, que es una muestra de Amor, un beso divino; y también porque al responder a esa llamada, lo hemos hecho por amor. La fiel estabilidad en el servicio del amo que es propia del siervo se diferencia mucho de la del hijo. Si se sirve por amor, apenas corre peligro de apagarse la llama de la fidelidad, y el servicio nunca resulta oneroso ni tedioso. Así le ocurría a Jacob, al que siete años de servidumbre y de trabajos para Labán le parecieron muy poco, por el gran amor que tenía a Raquel[4].

El mantenimiento de la fidelidad exige al hombre y a la mujer prudentes una disposición de fondo a unos actos

---

[4] Gen 29.

concretos de renuncia, que sacrifican lo accesorio para guardar y proteger lo principal. Se trata en realidad de la aplicación de palabras evangélicas, válidas para todo momento y situación. «Si tu ojo te escandaliza, arráncalo. Si tu mano o tu pie te escandalizan, córtalos» (Mt 5, 29-30). Esta severa amonestación de Jesús habla de la vida eterna y del Reino de Dios como absolutos, ante los que nada debe prevalecer. No cabe duda de que los vínculos y compromisos que exigen fidelidad participan a su correspondiente nivel de ese carácter de bienes no negociables.

Hay un enemigo que sale de uno mismo, que parece brotar del fondo del corazón y pretende ocupar —más bien usurpar— dentro de nosotros lugares, grandes o pequeños, que no le corresponden. Es preciso enfrentarse con él, aunque venga disfrazado, y decirle: yo no me pertenezco ya, he sido comprado al precio de la sangre de Cristo, de los méritos de hombres y mujeres santos, de lágrimas ardientes que se han vertido y se vierten por mí, al precio de oraciones de las que llegan al cielo.

«Existen casos —dice Orígenes de Alejandría— en los que la huida es la condición de la victoria y conlleva una suerte de perfección en la virtud. Es la huida que hace posible la fidelidad y proporciona la salvación»[5]. El espíritu de la fidelidad se identifica con frecuencia al espíritu cuya tarea es muchas veces oponerse al cuerpo. Es lo que en nosotros se niega a echarse para atrás cuando el cuerpo tiembla, lo que se niega a golpear cuando el cuerpo se irrita, lo que se niega a beber cuando se tiene sed o a comer cuando se tiene hambre, lo que en nosotros se niega a abandonar cuando la carne es presa del temor.

---

[5] *In Jesu Nave* VIII, *6.*

Hay que desear que de vez en cuando se abran nuestros ojos, para iluminar un escenario de peligros en el que nos estamos comportando imprudentemente. Una de las grandes defensas de nuestra incolumidad espiritual, y por tanto de nuestra fidelidad consiste en no fiarnos de nosotros mismos. «Quien se sienta seguro, mire no caiga»[6]. Un saludable temor y desconfianza de sí mismos ha sido uno de los mejores escudos de los cristianos fieles, que han sabido denunciar y evitar a tiempo concesiones que llevaban en germen un espíritu de infidelidad.

San Josemaría Escrivá ha dejado un testimonio personal en el siguiente texto: «Me hace temblar aquel pasaje de la Segunda Epístola a Timoteo, cuando el Apóstol se duele de que Demas escapó de Tesalónica tras los encantos de este mundo... Por una bagatela, y por miedo a las persecuciones, traicionó la empresa divina un hombre, a quien San Pablo cita en otras epístolas entre los santos.

»Me hace temblar, al conocer mi pequeñez; y me lleva a exigirme fidelidad al Señor hasta en los sucesos que pueden parecer como indiferentes, porque, si no me sirven para unirme más a Dios, ¡no los quiero!»[7].

4. Oración y confianza en Dios

Tenemos que considerar la fidelidad como un ejercicio del espíritu, como un arte de vivir con Dios para los demás, y como una ingeniosa puesta en práctica de las industrias que lo hacen posible. Pero la fidelidad viene so-

---

[6] 1 Cor 10, 12.
[7] *Surco* n. 343.

bre todo de arriba. Es una gracia inmerecida, que se consigue y se retiene mediante la oración. Es un efecto de totalidad, que pertenece por entero a Dios, y también por entero al hombre y a la mujer fieles. Es un fruto de la misericordia divina, y de la libertad humana. La mirada profunda que dirigimos a un hombre fiel ha de hacernos ver ante todo la gracia de Dios, que él ha sabido hacer operativa en su vida.

Escribe San Agustín: «¿hay entre todas las obras de Dios alguna más perfecta que el hombre fiel?»[8]. Dios realiza la perfección máxima de sus obras en los seres libres, en los que la voluntad divina y el querer humano, que sale al encuentro de esa voluntad, parecen hacerse una sola cosa. Los cielos que cantan la gloria de Dios y el firmamento que proclama la obra de sus manos, representan muy poco realmente en comparación con la grandeza y el amor divinos tal como se reflejan y se encarnan en la existencia fiel de los hombres y mujeres que pueden ser llamados en toda verdad «amigos de Dios».

La gracia ha vencido a la naturaleza: ésta es la historia de los santos, y de todos los hombres y mujeres fieles a su llamada. El triunfo de la gracia estriba en que Dios entra en el corazón del hombre, lo persuade, y prevalece suavemente sobre él, a la vez que lo cambia con poder. No viola nada de su constitución original. Le trata como a un ser humano, con dignidad, y cargado de posibilidades buenas y malas.

El hombre fiel es una obra de la gracia. Lo proclaman las vidas de María Magdalena, Pablo de Tarso, Agustín de Hipona...

---

[8] *Sermón* 260 D, 1.

«No es del que corre ni del que quiere, sino de Dios que da el incremento»[9]. Estas palabras de San Pablo se han cumplido siempre desde la aurora de la humanidad, y se cumplirán en los hombres hasta el fin del mundo. En el mismo lugar citado más arriba, observa Agustín, que lo sabía todo acerca del efecto de la gracia divina en la fidelidad humana: «Hay algunos que quieren atribuir a su propia virtud el ser buenos, y se atreven a decir con boca sacrílega: Dios nos hizo hombres, pero el ser justos es obra nuestra».

Lo maravilloso y casi increíble de esta economía de poder divino y libertad humana es que, rectamente entendida con la razón y con los instintos espirituales, no induce en el hombre pasividad ni quietismo algunos, sino más bien la conciencia de la propia responsabilidad. El cristiano puede y debe ser exhortado en los siguientes o parecidos términos: «Se os llama fieles; vivid fielmente; guardad fidelidad a nuestro Señor en el corazón y en las costumbres. No os mezcléis, por hábitos malos, con la turba de los malos cristianos. Considerad lo que os digo: sed grano»[10].

En la vida espiritual y en las relaciones con Dios, somos en realidad mucho más pasivos que activos. Somos conscientes de nuestros deseos, trabajos, logros y desfallecimientos. Podríamos pensar que la vida del espíritu obedece al ritmo que nosotros le marcamos. Y sin embargo no es así. La acción de Dios en los estratos más hondos, y también en los más superficiales, de nuestro ser es siempre infinitamente más intensa y decisiva de la que puede

---

[9] Rom 9, 16.
[10] Ibidem.

venir de nuestra diligencia. «Si el Señor no construye la casa, en vano se afanan quienes la edifican».

Sin una profunda y sincera piedad, por lo tanto, no se puede ser fiel ni en la vida ni en la doctrina. Sin la fe orante sería presuntuoso creerse constante e imaginarse capaz de cumplir una promesa de cierto calibre.

La fidelidad es hija mayor de la oración. Resulta a primera vista una extraña paradoja que Dios pida al hombre fidelidad y le exija al mismo tiempo que alcance de Él las energías necesarias para ser fiel. Dios, en efecto, no puede ser conjurado ni acude en ayuda del hombre en virtud de ningún automatismo espiritual. No puede ser conjurado, como las presuntas energías seudodivinas encerradas en el mundo o en la imaginación de los humanos. Pero puede y debe ser implorado, y no resiste los ruegos e invocaciones de un corazón y de una mente humildes.

«Quiero cumplir los mandatos de mi Dios. Sosténme según tu promesa, y viviré. No permitas que sea defraudado en mi esperanza»[11].

Así se dirige a Dios un hombre justo del Antiguo Testamento que tiene una tarea que cumplir, y conoce por la Palabra divina que puede acercarse al Altísimo y entrar en conversación con Él. Es que la fidelidad a los preceptos divinos que no está vivificada por el soplo de una esperanza confiada en el mismo Dios que los manda cumplir, se convierte en una sombra de sí misma, y deviene rutina, temor al cambio, esclerosis, resignación, y tristeza.

La oración verdadera ha sido creación de los judíos. Sólo ellos han recibido inicialmente la revelación de que podían hablar realmente con Dios. Al sentir el impulso

---

[11] Salmo 119, 116.

irresistible de hacerlo, se han dado cuenta de que Dios les estaba revelando en acto esa impresionante y casi increíble posibilidad. Ninguna otra nación había podido imaginarla y mucho menos practicarla. Las plegarias formales y rituales de otros pueblos nada tenían que ver con las oraciones de la Biblia al Dios de Abraham, Isaac, y Jacob. La conciencia religiosa del creyente judío se origina precisamente en el diálogo real con Yahveh.

Se podría decir que la verdadera oración ha sido creación de los judíos, si se la compara con las plegarias de la antigua India, de la Persia anciana, de Babilonia y de Egipto. Ocurre en la Biblia que el hombre se vuelve a Dios de manera particularmente directa. Aprender a orar significa aquí, por encima de cualquier otra palabra, aprender a dirigirse hacia Dios, en una religión sin ídolos. La oración bíblica es un diálogo desigual entre personas desiguales, entre los que media una distancia infinita, pero es diálogo al fin y al cabo, porque la condescendencia y el amor divinos ha querido tener interlocutores entre los hombres.

Es ésta sin duda una de las singularidades más enigmáticas de la revelación de Dios en el Antiguo Testamento, que se coronará por Jesucristo en el Nuevo. Dios habla realmente con el hombre. «¿Dónde estás Adán?»[12]. Quiere que los hombres se atrevan, con temor y temblor, pero con cierta audacia, a dirigirse a Él. Así intercede Abraham por Sodoma: «Soy en verdad muy atrevido insistiendo ante mi Dios, yo que soy polvo y ceniza»[13]. Pero la honda conciencia de la distancia no inhibe al patriarca

[12] Gen 3, 9.
[13] Gen 18, 27.

de ser fiel a unas acciones intercesorias que considera parte de la fidelidad a su propio llamamiento.

Lo mismo le sucede a Moisés, que no quiere abandonar a su suerte pecadora e infiel a un pueblo de dura cerviz, al que, sin embargo, ama. «Moisés dijo al pueblo; habéis cometido un gran pecado. Sin embargo, yo voy a subir al Señor, y tal vez os alcance su perdón»[14]. El Señor habla con todos sus elegidos en la narración bíblica: «¿qué haces aquí Elías?»[15], y se deja interpelar por ellos. Escucha sin cansarse sus quejas, requerimientos, afanes y ansiedades. Es un diálogo de salvación, cuyo núcleo es la plegaria.

La oración y sólo la oración actualiza, en efecto, las posibilidades de ser fiel, escondidas como don divino en el fondo del alma. Orar es entonces pelear, como hace Jacob en su lucha misteriosa con el Ángel de Dios[16]. Las tareas humanas dependen de la oración. «Si quieres saber cómo se hacen estas cosas, pregunta al gemido expresado en la oración, no al estudio ni a la lectura»[17].

Jesús resume tesoros de sabiduría divina, que muchos hombres y mujeres han acertado a comprender y a practicar, cuando dice: «Conviene orar siempre, y no desfallecer»[18]. Jesús mismo ora al Padre con insistencia porque tiene una misión que cumplir.

«*Pernoctans in oratione Dei* —Pasó la noche en oración.

»Esto nos dice san Lucas, del Señor.

---

[14] Ex 32, 30.

[15] 1 Reyes 19, 9.

[16] Cfr. Gen 32, 23 s.

[17] San Buenaventura, *Itinerario de la mente hacia Dios*, 7, 2.

[18] Lc 18, 1.

»Tú, ¿cuántas veces has perseverado así? —Entonces...»[19]

«No nos ha sido prescrito trabajar, vigilar y ayunar constantemente, pero sí tenemos una ley que nos manda orar sin cesar»[20]. Este ardor incansable no puede venir más que del amor. Contra nuestra inercia y nuestra pereza, el combate de la oración es el *amor* humilde, confiado y perseverante. «Este amor abre nuestros corazones a tres evidencias de fe, luminosas y vivificantes: Orar es siempre posible..., orar es una necesidad vital..., y oración y vida cristiana son inseparables»[21].

La fidelidad nace de arriba, y es fruto de ese espíritu «que no ha nacido de la sangre, ni de la voluntad de la carne, ni de la voluntad de hombre, sino de Dios»[22]. Hay que decir con el salmista: «Correré por el camino fiel de tus mandatos, cuando me ensanches el corazón»[23]. Dios anuncia por labios de Ezequiel: «Derramaré sobre vosotros un agua pura que os purificará: de todas vuestras inmundicias e idolatrías os he de purificar; y os daré un corazón nuevo, y os infundiré un espíritu nuevo, arrancaré de vuestro pecho el corazón de piedra, y os daré un corazón de carne. Os infundiré mi espíritu, y haré que caminéis según mis preceptos, y que guardéis y cumpláis mis mandatos»[24]. He aquí la respuesta del Señor a la oración y a las súplicas sinceras y confiadas.

---

[19] *Camino,* 104.
[20] EVAGRIO, Cap. Pract. 49.
[21] *Catecismo de la Iglesia Católica,* nn. 2742-2745.
[22] Juan 1, 13.
[23] Salmo 118, 32.
[24] 36, 25-27.

5. El estímulo de los testigos de fidelidad

El carácter narrativo de la S. Escritura se manifiesta, entre otras cosas, en el hecho de que las virtudes y disposiciones espirituales exigidas al hombre para servir a Dios y hacer su santa Voluntad, no se suelen formular de manera abstracta, sino biográfica. Es decir, no se describe o menciona a las virtudes de modo discursivo o general, sino tal como las encarnan en sus vidas hombres y mujeres de carne y hueso. Son personajes que han alcanzado gracia a los ojos divinos, y renombre entre coetáneos y gentes de tiempos posteriores, precisamente por la fidelidad con que han vivido su llamamiento.

Uno de los lugares bíblicos más representativos en este sentido es el capítulo undécimo de la Carta a los Hebreos, que habla con vibración y solemnidad de los que considera los héroes de la fe. Dentro de un discurso pausado, son mencionados los ejemplos de Abel, Henoc, Noé, Abraham, Isaac, Moisés... «Me faltaría tiempo —añade el autor— para hablar de Gedeón, Barac, Sansón, Jefté, David, lo mismo que de Samuel y los profetas»[25].

Todos ellos han desempeñado papeles diferentes pero decisivos en la historia de la salvación, y han sido por lo tanto agentes directos y protagonistas humanos de proyectos divinos. El texto se refiere también a las obras de fidelidad que la Biblia atribuye a esos hombres y mujeres. «Por la fe subyugaron reinos, ejercieron la justicia, alcanzaron las promesas, cerraron la boca de los leones, apagaron la violencia del fuego, escaparon al filo

---

[25] 11, 32.

de la espada, convalecieron de la enfermedad, fueron valientes en la guerra, pusieron en fuga a los ejércitos enemigos...»[26]

Los nombres propios que el autor menciona dan paso a un conjunto indeterminado, pero bien discernido y contado por los ojos divinos, de personas fieles, anónimas para la posteridad, que han prolongado en la historia, y prolongarán hasta la eternidad el elenco de testigos fieles. Estos hombres de toda edad y condición es gente que Dios ha querido reservarse, porque no han doblado la rodilla ante los ídolos de este mundo[27]. Sus vidas hablan a los hombres y mujeres de su tiempo, y también a los de todo tiempo. Sus voces y sus ejemplos no han sido absorbidos por el curso implacable de la historia, para desaparecer sin dejar rastro, como es la suerte de los mortales que solamente han vivido y respirado para sí mismos.

Estos personajes, que pueden o no haber pasado a las crónicas sagradas o profanas, revelan sin pretenderlo el gran hecho de que la verdad y el bien se afirman y mantienen en el mundo, no principalmente como un sistema de ideas, o mediante libros o discusiones eruditas, o por el poder temporal, sino por la influencia personal de hombres y mujeres que han sido a la vez difusores y ejemplos de las virtudes que han predicado.

Han sabido hacer contagioso su testimonio de fidelidad, con una elocuencia frecuentemente silenciosa, y en un marco de actuación en el que las palabras no eran lo más importante. Han sido sobre todo obradores de la ver-

---

[26] 11, 33-34.

[27] Cfr. 1 Reyes 19, 18.

dad, y no sólo oidores o anunciadores, como Jesús, que «comenzó a hacer y a enseñar»[28].

Muchos hombres de disposición incrédula se animan fácilmente a poner en duda principios morales y religiosos que son irrefutables para los amantes de la verdad, o bien ridiculizan escritos venerables, o se toman a broma o con escepticismo los nombres de gente virtuosa. Pero apenas podrían resistir la presencia de éstos si los tuvieran delante. Es decir, enmudecen ante la santidad encarnada en personas reales.

Es algo que la gente mundana no puede imitar aunque lo intente. Es fácil para los hombres cultos componer discursos o escribir libros, pero la excelencia moral y espiritual en alto grado les resulta, inicialmente al menos, algo extraño y desacostumbrado, que se contempla con una mezcla de curiosidad y sobrecogimiento.

Debe decirse que también para esa gente mundana e indiferente a los valores, puede haber sonado, con la presencia de los *amigos* de Dios, la hora, no del juicio, sino de la verdad divina en sus vidas. «Es la verdad que, aunque no sea vista u oída por los hombres como multitud, se aproxima sin embargo a cada uno en particular y en el momento oportuno. Es entonces cuando los poderes, criterios y esfuerzos del mundo pierden terreno, y vienen a ser adelantados por una verdad que avanza paso a paso y sin aparentes prisas»[29].

Es muy difícil estimar el gran nivel de poder moral que un solo individuo, entrenado en la práctica de lo que enseña, puede alcanzar en el ámbito, amplio o reducido, de personas entre las que vive. La Palabra de Dios conte-

---

[28] Hch 1, 1.

[29] J. H. NEWMAN, *Personal influence, the Means of propagating the Truth, Oxford University Sermons*, London 1880, 94.

nida en las Escrituras es como entregada al mundo a modo de propiedad común de todo el que quiera apropiársela. Pero el hombre que hace lo que enseña se convierte en una especie de intérprete legítimo de la Palabra escrita, que al transmitirse directamente de una mente y de un corazón a otros corazones y mentes, escapa al peligro de devenir solamente letra impresa.

Los hombres que gozan de la estimación popular suelen ser, por lo general, grandes a distancia, pero se convierten en gente pequeña, e incluso, insignificante, cuando se les conoce y se les trata de cerca. No ocurre así con la atracción, parecida a la del imán, que la santidad sencilla, que no se da importancia ni moviliza altavoces artificiales, ejerce sobre el ánimo y la conciencia de las personas que se tropiezan con ella. Es una atracción de naturaleza que podríamos denominar urgente e irresistible, que persuade al tímido, al débil, al vacilante, e incluso al presuntuoso y escéptico.

Gana enseguida la adhesión y el entusiasmo de espíritus afines, y sobre la multitud mal dispuesta produce un ambiente de imperio y autoridad, que le obliga al respeto y a guardar silencio. Dios es así glorificado de muchos modos en sus siervos fieles, que llevan adelante silenciosamente, encarnada con humildad en sí mismos, la obra divina. Es la influencia personal de los maestros de virtud y de fidelidad.

Dios ha suscitado, a lo largo de la accidentada historia de la Iglesia, hombres y mujeres que han instruido poderosamente a la gente de su tiempo —laicos y eclesiásticos— acerca de valores evangélicos que tenían olvidados. Lo han hecho con la palabra y con el ejemplo de sus vidas impregnadas de celo divino. Santos y santas antiguos, medievales y modernos, han encarnado ideales espirituales y humanos que muchos juzgaban inalcanzables. Y parecía en ocasiones que su figura de cristianos venía justamente como a contradecir el «espíritu del tiempo», cuando éste no cuadraba con el espíritu de Cristo, o se le oponía frontalmente.

La providencia de Dios suscita en el siglo XI la decisión y el temperamento intransigente de un Tomás Becket, que resiste fielmente hasta el final de su vida las pretensiones secularistas de príncipes que ignoran los derechos de Dios y de la Iglesia. Francisco de Asís, el Pobrecito, aparece poco después, imagen viva, él mismo, de dolor y de amor, como restaurador en la Iglesia del ideal evangélico de pobreza, en un tiempo de lujo, esplendor y boato eclesiásticos. Ignacio de Loyola levanta, tres siglos después, el estandarte de la gloria de Dios y de la obediencia a la Iglesia y al Evangelio, en un momento de disolución y crisis espiritual dentro del ámbito cristiano.

En un lugar y en un tiempo de irreligiosidad y agnosticismo, el Cura de Ars convoca multitudes con su sencilla presencia en una aldea casi desconocida, para la conversión y la penitencia, y para la recuperación personal y social de la fe cristiana. Edith Stein supera sin despreciarla la sabiduría humana, y se abraza a la cruz del Señor, cuando el saber académico se ha convertido en uno de los ideales y mitos del siglo XX.

La actividad santa y abnegada de Padre Pío de Pietrelcina evoca en la Europa descristianizada del siglo XX la fuerza de la dedicación desinteresada a la causa de Dios, y recuerda que los milagros ocurren también en nuestro tiempo, como respuesta a la fe sencilla.

En este marco de grandes vuelcos creativos, llevados a cabo por la misma Providencia, resuena dentro de la Iglesia y en el mundo un mensaje de fidelidad en la vida de Josemaría Escrivá, fundador del Opus Dei. En un clima moral de deserciones y de empobrecimiento espiritual, se escucha una proclamación viva, imposible de ignorar, que habla de santidad en el mundo para todo cristiano, y de fidelidad a Dios y a la propia vocación.

Josemaría Escrivá había hecho en sí mismo, bajo la gracia divina, una experiencia de fidelidad tan ardiente que quemaba y hacía arder a otros muchos en la misma llama espiritual. Sus exhortaciones y llamamientos a la fidelidad, serenos y a la vez apasionados, no procedían sólo de sus labios, sino del alma entera, y parecían como un aspecto de su respiración. Oír algo sobre la vida del espíritu al fundador del Opus Dei era como escucharlo acompañado de su demostración viva.

El discurso ardiente sobre la fidelidad era como el latir de su corazón. Decía a los demás lo que se decía a sí mismo. No puede resumirse en pocas líneas, porque era como el texto de su vida. Bástenos aquí recordar unas palabras publicadas en un libro de Homilías. Dicen así: «Suelo afirmar que tres son los puntos que nos llenan de contento en la tierra y nos alcanzan la felicidad eterna del cielo: una fidelidad firme, delicada, alegre e indiscutida a la fe, a la vocación que cada uno ha recibido y a la pureza. El que se quede agarrado a las zarzas del camino —la sensualidad, la soberbia...—, se quedará por su propia voluntad y, si no rectifica, será un desgraciado por haber dado la espalda al Amor de Cristo.

»Vuelvo a afirmar que todos tenemos miserias. Pero las miserias nuestras no nos deberán mover nunca a desentendernos del Amor de Dios, sino a acogernos a ese Amor, a meternos dentro de esa bondad divina, como los guerreros antiguos se metían dentro de su armadura: aquél *ecce ego quia vocasti me* (1 Re 3, 6. 8) —cuenta conmigo, porque me has llamado—, es nuestra defensa. No hemos de alejarnos de Dios, porque descubramos nuestras fragilidades; hemos de atacar las miserias, precisamente porque Dios confía en nosotros»[30].

La vida y las palabras de Josemaría Escrivá no han dejado de resonar en la existencia de innumerables hombres y mujeres cristianos, que tratan también de ser testigos de fidelidad. Si unos lo hacen, otros pueden hacerlo; y el ejemplo vivo de personas cercanas será como una llama que encienda otras.

6. La determinación de ser fiel

«Me dices que sí, que quieres. —Bien, pero ¿quieres como un avaro quiere su oro, como una madre quiere a su hijo, como un ambicioso quiere los honores o como un pobrecito sensual su placer?

»—¿No?—Entonces no quieres»[31].

Como visión profunda de las cosas y de uno mismo, y no sólo como aproximación estratégica, hemos de pensar que la fidelidad a Dios depende de nosotros, de lo que haga o no haga cada uno a través de su libertad. Si el hombre puede originar pecado a partir de la nada de esa libertad, ¿por qué no ha de manifestar del mejor modo posible que es libre mediante una entrega fiel a Dios y a los demás por Dios?

Es fácil interpretar en un sentido meramente voluntarista el punto de *Camino* que inicia esta página. Hay, en

---

[30] *Amigos de Dios*, n. 187.

[31] *Camino*, 316.

efecto, una sabiduría humana superficial, que ha acuñado máximas como las siguientes: Todo es posible para el que quiere; Querer es poder; Donde hay una voluntad hay un camino, y otras semejantes. Proceden todas ellas de una visión estrecha del ser humano, que si bien contiene una porción nada despreciable de verdad, se refiere en realidad a un hombre unidimensional, y confunde la parte con el todo.

Las sentencias citadas son en gran medida manifestación de la actitud agresiva que cultiva un egoísmo a ultranza respecto a los demás, y ve en el mundo material un mero objeto que desafía su afán de dominio y debe absolutamente ser conquistado, para que el hombre pueda ser, y sentirse, señor del universo. Reflejan sólo parte de la realidad humana y desconocen el misterio del hombre en el desarrollo de sus potencias y facultades.

Tanto los personajes de la literatura realista, como los de la vida, narran más bien la historia, bien diferente, de que no todo es posible para el que quiere. Sólo puede determinarse plenamente a algo quien se posee a sí mismo con plenitud. Yo, ser creado y finito, no me poseo a mí mismo plenamente, y por eso mi determinación libre necesita apoyos externos, tanto en su raíz como en su desarrollo. Son apoyos que mi conciencia y mi libertad convierten sin embargo en cosa propia.

Sólo si tenemos en cuenta que el hombre es el único ser que se trasciende a sí mismo en un claroscuro misterioso, podemos atribuir a la voluntad y al querer humanos un papel determinante, y de una eficacia que se diría absoluta en el logro diario y último de la fidelidad.

Tiene entonces sentido hablar de la importancia decisiva de una firme, vigorosa y humilde determinación personal, bajo la gracia divina, de ser fiel a Dios ocurra lo que ocurra.

Es necesario continuar el camino emprendido como si la oración fuera insuficiente, porque la decisión de seguir adelante es la más sensata y realista, en la consideración global de todas las circunstancias. Detenerse o volverse atrás significaría una grave imprudencia. Así comenta Orígenes la tentación de los judíos, que después de haberse liberado del yugo egipcio, y comenzada ya la marcha por el desierto, añoran los días y las relativas ventajas de la servidumbre.

Escribe el gran autor patrístico:

«Las palabras: *mejor nos habría sido servir a los egipcios que morir en el desierto*, son palabras de tentación y de fragilidad. Por otra parte, es falso. Es mucho mejor morir en el desierto que servir a los egipcios. El que muere en el desierto, precisamente a causa de haberse separado de los egipcios y de haberse alejado de los *rectores de las tinieblas* y de la potestad de Satanás, ha hecho algún progreso, aunque no haya podido llegar a la plenitud. Es mejor morir en el camino buscando una vida perfecta que no partir en búsqueda de la perfección. Por tanto, parece falsa la opinión de los que, mientras exponen que el camino de la virtud es demasiado arduo y mientras enumeran sus muchas dificultades, sus muchos peligros y caídas, no juzgan necesario recorrerlo o comenzarlo. Sin embargo, es mucho mejor morir en este camino, si fuera necesario, que, por permanecer entre los egipcios, ser entregado a la muerte y ser engullido por saladas y amargas olas»[32].

Orígenes dramatiza y carga las tintas de su discurso, para hacer más explícita una tesis espiritual de enorme cordura y patente sentido común cristiano: hay que mantener por en-

---

[32] *Homilías sobre el Éxodo* V, 4, Madrid, Ciudad Nueva, 1992, 100-101.

cima de todo la apuesta que se ha hecho a favor de la vocación, porque Dios es el garante de la incolumidad del pueblo elegido, y de cada uno de los individuos que lo componen.

El temblor propio de la fragilidad humana ante las pruebas y la persecución de los enemigos lleva, por ejemplo, al profeta Eliseo a desear la muerte. Pero habla de ese modo por afán de fidelidad a Dios, no porque quiera abandonar su vocación y su tarea. En realidad está diciendo: prefiero morir, antes de fallarle al Señor.

El amor a Dios y el instinto de conservación espiritual se hacen una sola cosa en la decisión de seguir adelante fielmente, por un camino en el que uno no se ha entrometido, sino al que ha sido llamado. Teresa de Jesús es muy explícita a este respecto cuando aconseja: «importa mucho, y el todo, una grande y muy determinada determinación de no parar hasta llegar a ello, venga lo que viniere, suceda lo que sucediere, travaje lo que se travajase, mormure quien mormurare, siquiera llegue allá, siquiera uno muera en el camino o no tenga corazón para los trabajos que hay en él, siquiera se hunda el mundo»[33]. ¡Pobre criatura el hombre! Aquejado de una viva sed de infinito, y consciente a la vez de su impotencia para llegar hasta el fin sin el socorro de lo alto. Y sin embargo es una condición gozosa, por la que merece la pena vivir. Hay que quemar las naves con decisión, para que no haya posibilidad de retroceder. *¡Violenti rapiunt!*[34] Los violentos —es decir, los que se hacen violencia a sí mismos— arrebatarán el Reino.

---

[33] *Camino de Perfección*, 21, 2.

[34] Mt 11, 12.

VIII. El arte de la fidelidad

Puede decirse con seguridad que casi todos los compromisos morales de cierta importancia que libremente adquirimos, nos vienen grandes, es decir, superan en algún aspecto nuestras posibilidades reales en el momento de adquirirlos. No estamos del todo a la altura, pero hacemos bien en asumirlos después de una reflexión prudente, porque contamos de sobra con recursos anímicos y personales que nos permitirán llevarlos a cabo. Los compromisos no son sino proyectos y desafíos sensatos, que necesitamos para desarrollar nuestra personalidad y nuestros talentos. Quien no adopta compromisos y no se arriesga apenas llegará a nada en la vida, ni hacia dentro de sí mismo, ni hacia fuera. Al comienzo estamos siempre en números rojos, y no se puede ir absolutamente sobre seguro. Éste es el régimen de confianza y de riesgo que impera en el camino de la fidelidad.

La fidelidad continúa y vigoriza lo que otras virtudes han creado en el sujeto. Tanto su nacimiento en la intención del alma, como su continuación en el tiempo, suponen una vida espiritual previa. Enemigo de lo instantáneo e impermanente, el hombre y la mujer que alientan un propósito de fidelidad, se atreven a iniciar un comienzo que llegue a su término. Sólo en la duración revelan las cosas su verdadera naturaleza, y sólo la elección libre demuestra así su autenticidad.

1. Desarrollo de la fidelidad

Dice Dios por boca del profeta Oseas: «Yo te desposaré conmigo para siempre; te desposaré conmigo en justicia y equidad y compasión, te desposaré conmigo en fidelidad, y tú conocerás a Yahveh»[1]. Así habla el Señor con palabras eternas e inextinguibles: el Señor, para quien decir es hacer.

No es éste el caso del hombre y de la mujer, que no suelen ser fieles por naturaleza, sino por reflexión. Inestables por impulso e instinto, aprenden a ser fieles por convicción.

La fidelidad del ser humano tiene y necesita una historia que permita su desarrollo. Este desarrollo del bien de la fidelidad es coextensivo con la vida. Puede decirse entonces que los hombres fieles no nacen, se hacen, como Tertuliano afirmaba de los cristianos[2]. La fidelidad supone un proyecto de construcción de la persona, un proyecto encaminado a establecer al hombre en el bien elegido y conducirle al fin. Se trata de que ese compromiso no se destruya, ni se estanque en lo efímero, ni se paralice en lo puramente legal o formal.

Como todo lo vivo, la fidelidad ha de crecer para no morir. No puede permanecer inmóvil durante mucho tiempo: se avanza o se retrocede. Es como un resultado fi-

---

[1] Oseas 2, 21-22.

[2] *Apologeticum*, 18, 4.

nal que no aparece de repente, porque se contiene virtualmente en cada uno de los momentos y de las acciones de la vida. La verdadera fidelidad, que permite vivir al hombre sus compromisos a la altura de un ser humano, en lo que tiene de mejor y de noble, rechaza toda modalidad de instalación, inmovilismo o conformismo; y todo lo que se oponga a una evolución creadora del espíritu. Aspira al progreso y al movimiento hacia la situación donde la persona deviene realmente ella misma.

La naturaleza de la fidelidad es así vivida como un éxodo, como una peregrinación hacia la meta verdadera. Es un proceso en el que el hombre se embarca por vocación, no por simple profesión o tarea de tejas abajo. La persona tiene en cuenta sobre todo aquello que es y quiere llegar a ser interiormente ante sí misma. Supone por lo tanto la disposición a cambiar de quien se mira frecuentemente al espejo interior, y no se gusta. Es disposición a crecer en la adhesión constante a una elección existencial que se hace y se rehace cotidianamente. Todo ocurre en el marco de la íntima seguridad de una vocación que debe realizarse por encima de cualquier otra cosa, de lo «único necesario»[3].

La fidelidad es el resultado final de llegar a la meta deseada, de fondear en el puerto de destino. Pero es también el esfuerzo diario de mantener el rumbo en medio de tempestades, bonanzas, desviaciones accidentales, turbulencias, olas y acometidas del mar que hacen temblar la nave.

Nadie se hace bueno o malo, fiel o infiel, por una sola acción. Quien tiene aciertos puede todavía equivocarse y arruinar su camino espiritual. Quien comete errores,

---

[3] Luc 10, 42.

puede rectificar, y abandonar la senda que no le conduce a la vida y a su fin verdadero. El hijo de la parábola evangélica que acepta el mandato del padre para ir a la viña familiar, abandona enseguida su primer propósito, y el que se negó en un principio, cumple finalmente la voluntad paterna[4]. El pródigo arrepentido recapacita y decide retornar al hogar de su padre, que es también su hogar[5]. Unos fariseos se abren a las palabras de Jesús, mientras que otros se cierran y endurecen ante ellas. El buen ladrón conquista el Reino *in extremis*[6]. La Escritura nos narra abundantes conquistas morales de corazones generosos, así como tristes casos de desplomes espirituales de gente elegida, como Saúl, Salomón, o Judas.

A diferencia de los animales, el hombre está inacabado, y tiene por delante la bella y arriesgada tarea de perfeccionarse continuamente, para llegar a ser el que debe ser. Hay un conformismo que despersonaliza al hombre, y que debe ser sustituido por la fe en el movimiento continuo de la libertad. No estamos hechos de una vez por todas, ni es nuestra tarea la de rellenar lagunas en nuestro ser. Nuestro destino de seres humanos nos exige recrearnos perpetuamente bajo Dios, mediante una reconversión de todos los instantes a las empresas de fidelidad que hemos libremente escogido.

Hay hombres y mujeres jóvenes que se sienten ocasionalmente impulsados por una pasión hacia la donación. Pero se trata a veces de un impulso que responde sólo a la intensidad de un momento, y no es capaz de vivir y arrai-

---

4 Mt 21, 28.
5 Luc 15, 11 s.
6 Luc 23, 39.

gar en la continuidad del tiempo. Depositan más confianza en el ardor del entusiasmo que en la reflexión y convicción racionales, únicas que pueden mantener y llevar a término el impulso primero.

En el camino de la vida vamos con Dios y con los otros en diferentes tipos de relación. La fidelidad es, en efecto, una relación interpersonal. Implica encuentros, intercambios, promesas cruzadas, comunicación cotidiana: todo lo que permite a la persona constituirse como ser relacional. La fidelidad humaniza al hombre al establecer puentes de confianza, amor y justicia, entre un *tú* divino o humano, y un *yo*.

Por ser fidelidad a una persona, es decir, a Dios y al otro, se encuentra y se desarrolla en el plano del testimonio. Hace capaz al hombre y a la mujer comprometidos de ser constantes en su promesa, incluso en el sacrificio y la renuncia. Apoyada en la paciencia y el amor, la fidelidad afronta el drama de la crisis y la amenaza del fracaso, tratando de convertirlos en ocasiones de esperanza. Para evitar el riesgo y la posibilidad de traición, indiferencia u olvido, la fidelidad resurge con luces de nueva creatividad. Ha aprendido a ser dinámica, inventiva, y crítica siempre que es necesario. Sabe que en algunas ocasiones, hay que morir a los egoísmos para vivir.

La Sagrada Escritura nos proporciona un impresionante muestrario de relaciones humanas, que se desenvuelven ante la mirada de Dios y aspiran a un sello de fidelidad activa. La más importante es sin duda la relación del hombre con Dios, que es para él Creador, Señor, Padre, y Dios Altísimo, que llama y envía a una misión. Es una comunicación personal entre dos interlocutores, como ocurre en el caso de Noé, Abraham, Moisés, Saúl, David, los profetas, etc.

A otro nivel nos encontramos con la relación de padres e hijos (Abraham-Isaac); de maestro y discípulo (Elías-Eliseo); de esposos (Isaac-Rebeca, Jacob-Raquel, Elcaná y Ana, padres de Samuel); de amigos (David y Jonatán); de señor y criado (Eliseo y Guejazí, 2 Reyes 4, 2); de colegas y condiscípulos. Son relaciones marcadas por el amor y la fidelidad, de hombres y mujeres, que son sensibles, en primer lugar, a la fidelidad de Dios hacia ellos.

Resultan más problemáticas y menos edificantes las relaciones entre hermanos. Un hermano es casi siempre en la historia sagrada, reflejo de la profana, un competidor, un usurpador en potencia, un hombre al que se mira con desamor y envidia. Basta pensar en las relaciones entre Caín y Abel[7], Esaú y Jacob[8], el joven José y sus hermanos[9], los hijos de reyes[10], etc. Sólo los Macabeos manifiestan mutuamente en el Antiguo Testamento un comportamiento realmente unido y fraternal[11].

En el Nuevo Testamento continúa e incluso se incrementa el desfile de personajes y figuras que protagonizan con intensidad relaciones humanas, atraídas casi siempre por la presencia o la cercanía de Jesús de Nazaret. La fidelidad a Jesús, y la aspiración a la mutua fidelidad de quienes habitan en su órbita humana y espiritual, es una constante del Evangelio. Son vidas auténticas que crean en

---

[7] Gen 4.
[8] Gen 25, 19 s.
[9] Gen 37.
[10] 1 Reyes 1.
[11] 1 Mac 3.

torno suyo, por seguir al Maestro, un clima de fidelidad. Cuando ellos afirman o sugieren que es necesario ser fiel, lo están probando con el gesto y con las obras. El sonido de su voz se halla respaldado por sus vidas.

Para que el hombre se reconozca a sí mismo en todos los momentos de su existencia, o rectifique si es necesario, importa sobremanera que el desarrollo de su fidelidad sea un proceso coherente de crecimiento, maduración y consolidación. Los posibles altibajos no encierran gran importancia si en ese desarrollo dominan una dirección y un régimen correctos, que permitan hablar de proceso homogéneo en el espíritu y en las acciones de la fidelidad.

Hay frecuentemente una notable desproporción entre los inicios sencillos, y en apariencia intrascendentes, de un afecto y el amor ardiente e incondicionado que ese afecto está llamado a ser. El filósofo francés Jean Guitton narra lo siguiente: «Durante cinco años fui prisionero de guerra en un campo de concentración destinado a oficiales, cuyo número ascendía a cinco o seis mil hombres.

»Obligados a la meditación, privados de la familia que habían fundado o esperaban fundar, no podían evitar las reflexiones sobre la condición humana. Recuerdo que, durante un triste atardecer, no sabíamos qué hacer, y uno de nosotros imaginó un extraño juego: cada uno debía contar de qué modo su padre había conocido a su madre.

»Como fácilmente se adivinará, todas las historias, pese a ser muy distintas, se parecían.

»Lo que había provocado el amor del hombre por la mujer o de la mujer por el hombre era, a menudo, un pequeño detalle: el hecho de perder un tren, una fugaz mirada, un mechón de cabello, una simple palabra, un silencio demasiado prolongado...

»Tras estas confidencias, en el barracón de los prisioneros se produjo un silencio metafísico. Cada uno de nosotros comprendía que, aquello en virtud de lo cual él era él, fue originado por casi nada, por un encuentro, por un rasgo en un rostro, por el color de unas pupilas.

»Cada uno de nosotros comparaba la desproporción entre el origen de su ser —una casualidad, un estremecimiento—, y su propio ser, su ser inmortal.

»Éste es el misterio, y la desproporción entre algo fugaz y aleatorio, por una parte, y el universo espiritual, surgido de este hecho accidental, por otra».

El desarrollo de un amor o de una lealtad a una decisión, que suelen comenzar de modo tan modesto y casual como el recogido por Guitton ha de atravesar necesariamente un conjunto de etapas, fases, e incidentes, que son parte esencial de la biografía de la persona, y forman la historia narrativa de la fidelidad.

Hay una ley esencial que recorre esa historia y le confiere unidad. El compromiso libremente meditado y adquirido representa en la vida del hombre una *exigencia fundamental*, que brota de las profundidades de su ser, y de la que no puede escapar sin renegar de sí mismo. Prevalece sobre cualquier otro compromiso, de modo que las decisiones adoptadas en nombre de esa exigencia no pueden ni deben modificarse en el curso de la vida. Equivaldría a abdicar de la propia identidad como ser humano[12].

«Existe un cierto grado de desesperación en la fidelidad, pues ésta expresa la rotunda negativa de la voluntad a de-

---

[12] I. GÓMEZ, *La Fidelidad*, Zamora 1981, 106.

jarse absorber por el devenir y lo múltiple. Al vivir bajo el signo del devenir, tiene que luchar denodadamente contra la dispersión. Pues si es verdad que el devenir es fuente de novedad, no lo es menos que representa un peligro para lo idéntico, amenazado siempre por el flujo del cambio. En cierta manera, si yo permanezco fiel es *a pesar de todo*»[13].

Lo más determinante es la decisión que la persona tomó en un momento de especial lucidez. Lo hizo movida por un impulso interior, justificado racionalmente por sólidas razones objetivas. Estas razones o motivos podrían no haber sido advertidos sino de modo implícito, pero estaban allí. Iban a estar siempre, y libraban a la decisión de todo sentimentalismo e irracionalidad.

Toda decisión delimita y orienta en un sentido determinado, y no en otro, el curso de la vida. Se cierran unas posibilidades o caminos, y se abren otros. Elegir es a veces un acto difícil, e incluso penoso, de la voluntad.

¡Gran desgracia —podría exclamar el hombre que vive en un mundo irreal— que yo no pueda tomarlo todo y abrazarlo todo! Resulta hiriente elegir, y al hacerlo excluir otras magníficas posibilidades. Así avanza la vida: de amputación en amputación. Y sobre el camino de lo posible a lo real quedan sólo esperanzas arruinadas. ¡A cuánta humanidad hay que renunciar, para ser alguien determinado y concreto!

Por encima de todo se impone, sin embargo, el hecho de que la elección es con gran frecuencia un acto gozoso para el hombre y para la mujer: un acto primordial de descubrimiento de uno mismo y de la realidad, que tiene algo de creativo. El mundo parece distinto, y el gozo experimentado va a determinar la existencia. La determina-

---

[13] Id. 121.

ción no es ahora una negación, sino algo positivo porque me aplica a la vida que yo debo vivir.

El hombre debe gastar o invertir su pequeño caudal de finitud en algo que merezca la pena. No puede en efecto serlo todo ni tenerlo todo. Debe hacer una opción, y tratar de acertar. Es un rasgo doloroso de la condición humana, que puede y debe convertirse, sin embargo, en la gran oportunidad de la vida. «El Reino de los cielos es semejante a un tesoro escondido en un campo que, al encontrarlo un hombre, lo vuelve a esconder y, por la alegría que le llena, va, vende todo lo que tiene, y compra aquel campo»[14].

El desarrollo fiel de la decisión que hace de hilo conductor de la existencia, y que debe impulsar y vertebrar la vida, ha de ser —hemos dicho— un desarrollo o evolución homogéneo. Recorre etapas y situaciones que deben hacerse coherentes unas con otras, y que están llamadas a reforzarse unas a otras, en servicio de la totalidad.

Los nuevos actos, así como el modo de reaccionar ante hechos esperados o inesperados, de mayor o menor cuantía, han de reforzar y confirmar las anteriores reacciones y determinaciones *acertadas* de la persona, y nunca negarlas o ir contra ellas. Habrá que buscar en ocasiones nuevos recursos ante nuevas experiencias o amenazas. El drama se desarrolla no fuera sino dentro de nuestra vida. Es como si una voz interior nos dijera: ¿Cuánto aceite habéis traído con vosotros para alimentar vuestras lámparas durante la espera y el esfuerzo, que pueden ser largos e intensos? ¿Cuáles son vuestras reservas en la actitud de fidelidad?

---

[14] Mt 13, 44.

Esas reacciones y comportamientos acertados anticipan otras reacciones futuras, que aunque sean pruebas difíciles, llevarán el sello de hábitos virtuosos trabajosamente adquiridos. La densidad del compromiso se consolidará así por decisiones ulteriores, igual que se podría debilitar mediante cesiones y deslizamientos, que ya no reflejarían un desarrollo homogéneo de la fidelidad que se construye avanzando hacia su meta.

La conciencia preside, dirige, y dictamina en el proceso vital de la fidelidad, que se asemeja a una bella aventura humana. La conciencia vigila la permanencia de la forma fundamental, que es el *unum necessarium*; y la relación de proporciones que ésta debe guardar con todos los nuevos elementos que accedan a la vida de la persona. Observa también la continuidad de las actitudes e instintos que han creado e impulsan la decisión de fidelidad. Obliga, por ejemplo, a que la persona se pregunte de vez en cuando si sigue queriendo con el mismo amor del principio, si trata de que ese amor crezca, si sacrificaría éste o aquél elemento accesorio para salvar lo más importante.

La fuerza de la fidelidad confiere a ésta una capacidad de enriquecerse, y no debilitarse, ante nuevas experiencias y conocimientos, que derivan de un inevitable y continuo contacto con la realidad de las cosas y de las personas. La fidelidad demuestra entonces un poder de asimilación de lo valioso, que no interfiere ni altera su naturaleza leal a los compromisos adquiridos. Nuevos rostros, nuevas opciones conocidas en los demás, nuevos horizontes legítimos que se ofrecen a los otros, no alcanzan a variar o a hacer tambalear la propia opción. Si se hacen comparaciones, no son en detrimento, sino en valoración creciente y agradecida de lo que uno es y hace.

2. El cuerpo o la anatomía de la fidelidad

En una representación alegórica, como la de los autos sacramentales, la fidelidad bien entendida no dirá probablemente: mi nombre es fidelidad. Dirá más bien: mis nombres son confianza en Dios, sentido de la realidad, sencillez, esperanza, compasión, calma en las crisis y adversidades.

Enemiga de todo lo que es espontáneo y volátil, reino de pura fragilidad, la fidelidad es la valentía de comenzar para llegar a término. Pero esa realidad se encuentra al servicio de otros valores, de los que ella asegura la permanencia. A diferencia de virtudes como el amor o la justicia, que tienen una materia específica, la fidelidad no se presenta tanto como un valor, sino más bien como la permanencia de valores.

Todo un vocabulario marcial se introduce en el arsenal de la fidelidad. El hombre fiel ha de defenderse, combatir, atacar, conquistar. Desea ganar, y a veces puede perder. Hay que proteger la fidelidad como se protege la virginidad o la fe, porque no debe contaminarse la palabra dada, que aparece como un absoluto. Pero el vocabulario de la fidelidad es ante todo un vocabulario de virtudes que la protegen y realizan.

Es como una suma o cepa de actitudes virtuosas, que se asemejan a los músculos, tendones, articulaciones, ligamentos, y venas de un cuerpo vivo.

Todas las virtudes ponen al hombre en relación con Dios y con los demás. Poseen una dimensión social, y desde luego, familiar. Sirven a la comunicación verdadera entre personas cuando mantienen abiertos y expeditos los caminos del espíritu. Puede decirse que el hombre desarrolla su fidelidad de cara a Dios, y en común con los demás seres humanos que lo rodean. No es una empresa que se busca y realiza en solitario. De hecho, el puro individualismo aísla a unas personas de otras, e impide el desarrollo de las dimensiones solidarias de la fidelidad.

Los hombres y mujeres más fieles suelen encontrarse entre los más humildes. Si el hombre fiel puede ser considerado una obra de la gracia, y un milagro vivo que hace detectar a otros una Realidad superior, ayuda a comprender la grandeza de la humildad.

Fidelidad nada tiene que ver con servilismo o simple acomodación a circunstancias poderosas e inevitables. No es tampoco mera sumisión, ni la necesidad psicológica de ser dominado por otro. El humilde ha aprendido a ser realista y buen conocedor del mundo, por ciencia o por instinto, o por las dos cosas. Sabe que debe morir para que su causa viva. El *cotidie morior*[15] de San Pablo es una de las máximas expresiones de humildad, grandeza, y fidelidad.

La persona fiel y humilde está en condiciones de asumir y aceptar las desilusiones que derivan de comprobar una vez y otra la propia debilidad, los defectos no esperados de los demás, las traiciones inexplicables, la imperfección del mundo, la frustración ante las esperanzas no realizadas, las obras inacabadas que quedan atrás, la relatividad de todo lo terreno, las lagunas de todos los sistemas ideados por los hombres. Sólo al orgulloso y al racionalista les molestan los accidentes y la contingencia de la finitud humana y terrena. Sólo esos hombres suelen abandonar la tarea comenzada. También Jesús de Nazaret tuvo que abra-

---

[15] 1 Cor 15, 31.

zarse a la desilusión. Al final resulta que el humilde es realista, y persevera, mientras que el arrogante, ingenuo conocedor del mundo, renuncia a terminar lo comenzado.

La paciencia y la perseverancia fieles son hijas mayores de la humildad. «Con vuestra paciencia salvaréis vuestras almas»[16]. Con vuestra paciencia, virtud activa, llevaréis a buen término, y resolveréis dignamente, los proyectos nobles de vuestra vida. Sólo el hombre y la mujer pacientes llegan hasta el final, debido a la fortaleza que les viene de su humildad. Todo lo pueden con Dios.

La fidelidad es irrealizable y utópica sin esperanza. La esperanza supone un inconformismo radical, propio de quien se halla insatisfecho consigo mismo, y con la triste condición del mundo, y quiere hacerse mejor, y hacer mejor también la realidad que le rodea. Las cosas pueden ser distintas. Hay que trabajar para que lo sean dentro y fuera de uno mismo.

Mantener la esperanza es permanecer en la fidelidad; es creer que, ante Dios, nada se pierde de lo que se ha hecho con intención recta, y que hasta las convulsiones y turbulencias del mundo dejarán paso a un nuevo día.

Pensemos también en la prudencia, que expresa el juicio acertado y operativo de la conciencia recta. La prudencia, primera virtud cardinal, nos permite calibrar el valor de lo que ocurre en torno a nosotros, y adoptar la postura adecuada. Enseña a leer e interpretar situaciones y reacciones propias y ajenas, como un buen pescador sabe leer el río o el mar, para encontrar peces, o saber dónde no va a encontrarlos. La prudencia empuja a la ac-

---

[16] Luc 21, 19.

ción moderada del buen padre de familia, o a la acción, ostensiblemente heroica, del mártir que se deja mutilar y matar por un amor mayor que el de la propia vida.

Estas y otras virtudes forman el ambiente y los escalones de la fidelidad.

3. El amor, alma de la fidelidad

Es la misma Palabra divina la que establece una estrecha relación entre fidelidad y amor. La experiencia humana corrobora, si falta hiciera, ese testimonio en la vida de incontables seres que han sabido encontrar en el amor la motivación para las acciones y reacciones más importantes de sus vidas.

Dios ata nuestras fidelidades con lazos de amor divino y de amor humano. «Con cuerdas humanas los atraía, con lazos de amor»[17]. «Si me amáis, guardaréis mis mandamientos», dice Jesús[18]. El amor es el alma de la fidelidad respecto a Dios y a los hombres. Y la fidelidad es la prueba más contundente y palmaria del amor, su demostración más auténtica.

Antes que simple cumplimiento de deberes, la fidelidad es un imperativo de amor. Se desarrolla mucho más en el dominio de la religión que de la ética.

El amor constituye el motivo verdadero de la *fidelidad*, y tiende a denunciar, arrinconar, y tal vez a expulsar a otros motivos impuros, inauténticos, o simplemente pragmáticos. Se encuentran entre ellos la resignación, la

---

[17] Oseas 11, 4.

[18] Juan 14, 15.

aceptación de lo inevitable, el puro deber, la mediocridad espiritual sin alas, la inercia, el mero temor al cambio.

«A lo largo de la vida —escribe el poeta Josef Brodsky—, la realidad y el tiempo hablan al hombre en una variedad de lenguajes: inocencia, amor, fe, experiencia, historia, cansancio, cinismo, culpa, decadencia, etc. De todos ellos, el amor es claramente la *lingua franca*. Su vocabulario absorbe todas las otras lenguas. Al ser expresado en este registro, un asunto adquiere un tono casi sagrado, porque se hace eco del modo en que percibimos los objetos de nuestra pasión, y de las sugerencias del Libro acerca de lo que Dios es. El amor es esencialmente una actitud mantenida por lo infinito hacia lo finito»[19].

La tesis del dramaturgo Tennesee Williams (1911) en la conocida pieza teatral, llevada al cine, «Un tranvía llamado deseo» (1947), es que la mujer acude siempre por instinto a la llamada del hombre. Pero en realidad no es siempre así. El ser humano puede dominar, y domina de hecho, sus instintos por miedo, dolor, orgullo, y sobre todo por amor. El film francés «Los orgullosos», interpretado por Gérard Philippe, nos muestra en el protagonista alcoholizado a una sombra de hombre, que en una escena desagradable y dramática, renuncia, por amor de una mujer, a las bebidas que burlonamente le regala un grupo de amigotes, que nada saben del misterio del hombre ni de la dignidad humana.

Amor y fidelidad son inseparables. Nacen y se desarrollan juntos. El amor tiene también una historia, es decir, dura en el tiempo, y se construye poco a poco una morada habitable. No pensemos en la falsa idea romántica del amor, en la que éste se concibe como un evento

---

[19] *Less than One. Selected Essays*, N. York, 1987, 91.

espontáneo, fuera del control de la libertad, y ajeno a toda responsabilidad moral de un mantenimiento y de un trabajo asiduos. Esta concepción literaria y estética del amor, refractaria a todo marco estable y a toda evolución, nada o muy poco tiene que ver con la vida del amor verdadero.

La decisión de dedicarse a Dios desencadena y pone en marcha una historia interpersonal cuyo hilo conductor es el amor. Se responde al amor con el amor. La fidelidad sólo puede respirar, consolidarse y crecer en ese clima de reciprocidad espiritual, en el que Dios nunca fallará.

El amor irrevocable de Dios es el oxígeno del Evangelio y lo que respiran todos los que viven de su espíritu. El hecho de que Dios nos ha amado primero se hace particularmente explícito y tangible en Jesús de Nazaret, demostración viva del amor del Padre. No puede extrañar que amar a Dios sea el primer precepto en la tradición bíblica que culmina en el Nuevo Testamento. El término precepto, o mandamiento en su caso, suenan algo fríos y convencionales a pesar de su grandeza. Porque el amor de Dios y a Dios es un don y un asunto de vida o muerte para el hombre. Sólo Dios es realmente la vida de su vida.

El amor de Dios es entonces la opción existencial más importante que puede y debe hacer un ser humano que ha conocido la posibilidad de ese amor, y no lo considera una utopía o una fantasía del corazón o de la mente. ¿Me dices que eres libre, y todavía no te has entregado a Dios?

Escribe San Bernardo de Claraval: «El amor basta por sí solo, satisface por sí solo y por causa de sí. Su mérito y su premio se identifican con él mismo. El amor no requiere otro motivo fuera de sí mismo, ni tampoco ningún provecho: su fruto consiste en su misma práctica.

Amo porque amo, amo por amar. Entre todas las mociones, sentimientos y afectos del alma el amor es lo único con que la criatura puede corresponder a su Creador»[20].

Para un cristiano, Dios y amor son las dos realidades que más poderosamente se llaman e implican la una a la otra, sencillamente porque Dios es amor, afirmación audaz y casi increíble, imposible de encontrar en ninguna otra tradición religiosa.

En la vida de muchos hombres y mujeres, ese amor divino se convierte en una opción exclusiva, que destierra, al menos en la intención, todos los demás amores, incluidos los que podrían haber sido legítimamente abrazados. Es en cualquier caso el amor de Dios el que protege, purifica, y ayuda a llevar a término todos los amores humanos nobles que suelen formar parte de la existencia terrena del hombre y de la mujer.

El amor a Dios en ejercicio incorpora y lleva dentro de sí todos los demás afectos humanos, como son el respeto, el temor, el estupor y el asombro, así como la sorpresa ante lo inesperado. Dios quiere ser temido como Señor, honrado como Padre, y amado como Esposo.

Quien decide en serio amar a Dios sobre todas las cosas es que ha sido amado primero por Dios de modo desbordante. Comienza la búsqueda activa del mayor amor, que se asemeja a una aventura hacia lo desconocido. Es como una novela colmada de episodios, donde la realidad del encuentro y de sus consecuencias desborda totalmente la imaginación y todas las previsiones terrenas. Cualquier anticipación de la mente y de los sentimientos humanos se esfuma.

---

[20] Sermón 83, 4-6.

Es que la experiencia y las exigencias del amor divino le vienen muy grandes a la finitud humana. La luz del amor de Dios presta su brillo y su impulso a la débil voluntad del hombre, a la vez que Dios tiene que aportarlo todo por la frágil textura de la condición humana, hecha ciertamente para un amor infinito, pero sólo como límite que tiembla y parece cuartearse en cada instante.

Se trata de un amor que parece incluir algo o mucho de los cuatro amores de los que ha escrito un autor cristiano del siglo XX: eros, afecto, amistad, charitas. No se identifica simplemente con ésta última. Puede afirmarse que, salvadas las distancias, el amor divino no es totalmente ajeno a las efusiones e impulsos del eros. La Sagrada Escritura acude a metáforas y figuras del orden sensible y amoroso entre los humanos para dar a entender algo de la intensidad y cualidades del amor divino. Aunque estas imágenes se usan con un propósito pedagógico y simbólico, vinculan, sin embargo, ese amor de carácter esponsalicio, a la sensibilidad y al corazón de carne del hombre y de la mujer.

La vida y los avatares del enamorado de Dios resultan habitualmente muy distintos a como se los ha imaginado o los ha planteado en su mente. Oscuridad, desconciertos y arrolladores consuelos pueden sucederse con un ritmo que sólo responde a una ley oculta en el misterio de Dios y la libertad de la persona. Luminosidad y tinieblas parecen hacerse una sola cosa, no sólo porque las sombras implican siempre la luz, sino porque el hombre es conducido por una dinámica nueva, donde se experimenta la coincidencia de opuestos: luz y penumbra, alegría y lágrimas.

El amante de Dios puede a veces no saber por qué sigue adelante en el camino del amor. Pero no lo abandonaría en manera alguna. Se cumple la afirmación de que «la causa de amar a Dios es Dios, y el modo es amarle sin modo»[21]. Faltan las coordenadas ordinarias del afecto y de la pasión, y la pobre criatura humana, suspendida entre el cielo y la tierra, siente que no hace pie, mientras debe atravesar vados profundos. Todos los amores que no son el divino se le antojan deleznables, y en último término irrelevantes, aunque no los desprecia. Porque ve su sentido verdadero y su forma más perfecta en la imitación del Amor de Dios y a Dios.

Inicialmente es difícil saber amar a Dios, o incluso percibir bien en qué consiste ese amor. Deberá enseñarlo la experiencia. El amor a Dios, asunto del corazón y de los sentidos, se expresa también necesariamente en pequeños detalles que son propios del amor humano corriente. Dios es mucho más real que cualquier criatura a la que pueda amarse y mimarse en la tierra. Las obras de amor parecerán con frecuencia nimias e intrascendentes, porque, como se dice, quien ama la mar ama también la rutina del barco. Son obras y acciones pequeñas que el amor hace grandes. El amor divino es así una escuela de amor humano, que enseña comportamientos y modos puros de afecto para lo terreno; y viceversa: el amor humano proporciona como un andamiaje de gestos y ademanes, que prestan cuerpo y volumen al amor de Dios vivido por hombres de carne y hueso.

La vida dedicada a Dios en el celibato, la virginidad, o el sacerdocio puede atravesar momentos difíciles. Hay momentos de duda, angustia, hastío de sí mismo, sole-

---

[21] San Bernardo, *Tratado de amor de Dios*, 1, 1.

dad, en los que resulta normal la intensificación del deseo de un afecto y de un amor humanos. Son situaciones que no deben asustar al hombre y a la mujer que han prometido a Dios amor y fidelidad exclusivos. La historia misma de ese amor será capaz en condiciones normales de suministrar recursos interiores y luces espirituales para superar la prueba. Esta prueba o amago de crisis resultará en una confirmación del amor divino. Una crisis inesperada puede hacer rebrotar el deseo de fidelidad y el amor adormilados.

El ámbito familiar, las relaciones de los cónyuges y de padres e hijos, representa un importantísimo e insustituible taller de fidelidad humana y cristiana. La familia es el lugar único donde se aprende, ejercita y perfecciona la fidelidad, alimentada en definitiva, de lejos y de cerca, por el amor de Dios y el deseo de tenerle en cuenta en la vida.

El amor mutuo de los cónyuges, sancionado por una promesa pública, es el hilo conductor cargado de energía, de la fidelidad matrimonial, aunque pueda no ser en ocasiones el único motivo. Es una fidelidad grande que recae sobre cosas de envergadura, pero que se extiende cotidianamente a cosas pequeñas, en las que el amor logra extremar su delicadeza y su creatividad.

Las nuevas condiciones de vida fomentan fácilmente en todas las personas sensibles y de buena voluntad un espíritu de servicio fiel al niño, al enfermo, al anciano, al desplazado, al pobre. La familia es, sin embargo, el lugar moral y material privilegiado en el que han de desarrollarse esas conductas de apertura y respeto a los demás.

El padre es fiel no sólo por ocupar habitualmente su puesto en el hogar y no abandonarlo, sino también por cumplir diariamente las obligaciones que permiten el sostenimiento material y moral de la familia.

Lo mismo puede decirse de la mujer, en las condiciones modernas de la vida familiar, y en el reparto solidario de responsabilidades que esas nuevas condiciones suponen.

Las relaciones entre los esposos recorren una larga historia personal que edifica y consolida la fidelidad, a la vez que la pone a prueba. Porque un hogar no son cuatro paredes, sino un ámbito humano de varias dimensiones espirituales, que se hace día a día, con alegrías y penas, con crisis y situaciones de bonanza, con desilusiones y recomienzos. El encendimiento del noviazgo se serena, y cede el puesto a la calma y a la responsabilidad por terminar la difícil obra comenzada.

Lo propio de la fidelidad conyugal no es únicamente aplicarse al cumplimiento de una promesa. Se apoya también en el amor al cónyuge, un amor que sólo encuentra satisfacción en el proyecto de vida compartida. Una pareja que se forma sólo por un tiempo pone un límite al amor. Quienes la constituyen no se entregan totalmente el uno al otro, ni se sienten vinculados por el mismo deseo de fidelidad de los que se aman sin reservas y han decidido trasformar la elección de un momento en una realidad que ha de extenderse a la misma duración de sus vidas.

El éxito de la fidelidad conyugal no es la cosa más natural del mundo. Lo afirma Jesús, cuando se refiere a la dureza del corazón humano, como causante de la tolerancia del divorcio por Moisés[22].

El desgaste de la convivencia, el alargamiento de la vida, neutros en sí mismos, pueden ser una amenaza para la con-

---

[22] Mt 19, 3.

tinuidad de la unión conyugal. El conocimiento del otro puede ser tanto un modo de consolidarla como de debilitarla. Cuando se conoce bien a una persona, que nos fascinó y entusiasmó un día, viene casi siempre un cierto desencanto y alguna desilusión. La intimidad y la cercanía del otro hacen descubrir y experimentar vivamente, y a veces brutalmente, lo poco que es el ser humano. El misterio del hombre se manifiesta entonces «a la baja»; y en situaciones cercanas al límite, la convivencia se puede convertir en ocasión de frialdad, antipatía, e incluso de odio.

La mirada dirigida al cónyuge ha de verle tal como es, no como se ha soñado o imaginado que debería ser. El tiempo aporta de modo inexorable la prueba de la realidad, conforme a la cual se debe vivir juntos. Es al filo de los días, en todo lo aleatorio de la vida, cuando cada uno de los cónyuges se le revela al otro con todos sus valores y sus límites. Las enfermedades y los eventos externos de carácter social y económico, resuenan con fuerza en la vida familiar. Hay que aceptar entonces mostrarse como un ser no excepcional, sino normal, y con muchos aspectos banales y de andar por casa.

Cuando nacen los hijos, y se intentan planes de alguna envergadura, cuando los cónyuges se enfrentan juntos a los desafíos de la vida, entonces se hace creativo y perdurable el amor verdadero. El tiempo se convierte en cómplice estupendo de ese amor, y las cosas mejores triunfan sobre las peores. Porque el inevitable envejecimiento de la pareja no obstaculiza sino que madura también la fidelidad. Después de todo, la belleza y el atractivo físicos representan poco en el amor humano.

Decía Juan Pablo II a jóvenes franceses en 1986: «Muchos de vosotros sufrís el derrumbamiento de vuestras familias. Y podéis decir: ¿es posible un amor durable y verdadero? En nombre de Cristo, yo os digo: sí, es posible. Es todo un proyecto de Dios sobre el hogar. El proyecto del amor nupcial inscrito en vosotros, si es vuestra vocación, encierra una gran belleza: corresponde a una llamada de Dios, que ha creado al ser humano "varón y mujer".

»Pero el amor nupcial se aprende día a día. Tenéis ahí una responsabilidad desde ahora. Hay un aprendizaje del don desinteresado de uno mismo, en la limpieza y la sencillez, que se hace durante la adolescencia y la juventud, y sin el que el matrimonio sería un fracaso y un egoísmo de dos. Hay un aprendizaje del respeto al otro, a su interioridad, y a toda su persona, de la que el cuerpo es expresión. Hay un aprendizaje de todos los valores morales necesarios para la vida. Hay una preparación a las responsabilidades que asumiréis juntos en el don de la vida y en la educación de los hijos. Porque el matrimonio es una experiencia que llena el corazón pero es también una tarea a realizar»[23].

4. La gramática de la fidelidad

No hay recetas hechas o prefabricadas para la fidelidad, pero puede afirmarse que ésta es en gran medida asunto de una lograda comunicación entre la persona y Dios, entre los cónyuges, entre los amigos. La fidelidad presenta una dimensión comunicativa y abierta que le es esencial para nacer, tomar cuerpo, y desarrollarse.

Podría concebirse como un diálogo permanente, que lo comprende todo, lo importante y lo nimio de la vida.

---

[23] *Insegnamenti* 9, 2. 1986, 867.

Es el diálogo que permite la apertura verdadera al otro, y en el que la persona se manifiesta tal como es. Los seres humanos se encuentran con la realidad de las cosas y de las otras personas en la acción. Es allí donde devienen «auténticos», mucho más que en el pensamiento. Una parte esencial de la acción es precisamente el diálogo, porque puede ser tan operativo como cualquier obra humana.

Existe un lenguaje para cada uno de los sentimientos humanos. La gramática de la fidelidad implica un lenguaje, que como todos los lenguajes se compone de palabras, silencio, gestos, imágenes... Cada forma de lenguaje puede servir al hombre y a la mujer para comunicarse o para cerrarse herméticamente al otro, para darse a conocer o para ocultarse.

Importa entonces absolutamente convertir los lenguajes en vías reales de diálogo interpersonal, y no permitir que actúen en detrimento y bloqueo de la relación fiel, que debe serlo a nivel de pensamiento, palabra y obra.

El hombre y la mujer han de tratar de ser porosos a Dios en la plegaria, y de serlo entre ellos dentro de la relación matrimonial. A esta relación se aplica especialmente lo que puede decirse aquí sobre el lenguaje de la fidelidad. Al comienzo de *Ana Karenina* dice Tolstoi que «todas las familias felices se asemejan unas a otras, y cada familia infeliz lo es de modo propio». Si se acepta esta observación, puede pensarse que una constante de los hogares felices radica en una comunicación verdadera entre los esposos, y entre padres e hijos. En esa comunicación dialógica se asumen, tratan, y resuelven las cuestiones que pueden amenazar la estabilidad y el clima familiar.

Roberto Rossellini ha analizado artísticamente y valorado la ausencia de diálogo familiar en *Europa 51* (padres e hijos) y en *Viaje a Italia* (marido y mujer). La familia necesita un clima comunicativo y abierto para ir adelante. Ese clima permite descubrir a los esposos y a los hijos la originalidad de lo más sencillo, la novedad de lo más trivial, y la grandeza de lo más familiar, a lo que estamos acostumbrados. Así le ocurre, por ejemplo, a la protagonista de «Nuestra ciudad», drama del norteamericano Thornton Wilder (1897-1975). La joven mujer, fallecida prematuramente, consigue del destino el favor de visitar de nuevo los lugares en los que transcurrió su vida en la tierra. Y se asombra de lo que ve, a la vez que considera increíbles, y del todo nuevos para ella, los objetos y rincones que conocía bien y a los que nunca dio importancia en vida. Hay que redescubrir lo conocido, para valorarlo adecuadamente, y percibir lo que representa para nosotros.

El diálogo familiar suele ir precedido con frecuencia de los diálogos y conversaciones interiores, de lo que cada persona se dice a sí misma. Es como mirarse uno en el espejo, y reaccionar de un modo determinado en la intimidad de la conciencia. En esos monólogos se gestan las palabras y los silencios capaces de crear o alterar el buen clima de los esposos, y de la familia.

El monólogo interior es bueno y fecundo si ayuda al recogimiento, a la reflexión sensata, al autoconocimiento, y a la autocrítica que pueda ser necesaria. Es perjudicial y venenoso si insiste en comparaciones que generan agravios, o crean laberintos personales de resentimiento, o edifican una imagen ficticia del yo.

«De la abundancia del corazón habla la boca»[24]. Hay un lenguaje ofensivo, destructor de cualquier relación

---

[24] Mt 12, 34.

humana, hecho de gritos, recriminaciones, insultos, ironías, y calificativos humillantes. Es un fenómeno que responde a la patología del lenguaje, y cuya triste posibilidad ha de hacer pensar sólo en la realidad contraria. La voz humana no sólo asombra en la elocuencia, en el discurso bello, o en el canto. Asombra sobre todo en su eficacia creadora y en su capacidad única de comunicar sentimientos, de tranquilizar turbulencias del alma, y de cambiar el corazón.

La palabra es vehículo de ánimo y de comprensión. Expresa una fidelidad que disculpa y perdona, siempre que es necesario. Los cónyuges han de estar preparados para cualquier eventualidad, para cualquier situación en la que los recursos espirituales y humanos de uno de ellos hayan de suplir las deficiencias y equivocaciones del otro. El mal es parásito del bien, y en un dialogo sincero y perdonador, aquél no prevalecerá tanto como para romper la armonía familiar o comprometer la fidelidad.

Existen también silencios creativos, y otros que pueden resultar letales para la fidelidad. El silencio expresa normalmente la sólida cotidianidad y la fortaleza de un amor que no necesita declaraciones solemnes. Hay silencios que se oyen, que son elocuentes en máximo grado, que dicen más y mejor que las palabras.

El silencio puede ser a veces el clima necesario para una convalecencia moral, para que cicatricen y se cierren heridas del alma. Porque hay ocasiones en las que ninguna palabra puede ser bien dicha o bien entendida.

Pero no cabe duda que una crisis se desata o agrava por silencios indebidamente mantenidos, por razones no manifestadas, explicaciones no tenidas, acciones o palabras negativas no reconocidas, excusas o perdones no solicitados.

Los gestos encierran un valor y una trascendencia que pueden ser incalculables. Un gesto amable o benévolo es capaz de iniciar una reconciliación, o indicar que episodios o palabras divisivas o hirientes han sido olvidados.

Francisco de Quevedo y Villegas (1580-1645) ha expresado simultáneamente los extremos del amor fiel, más fuerte que la muerte, y de la finitud humana, en un espléndido soneto que dice así:

«Cerrar podrá mis ojos la postrera
sombra que me llevare el blanco día,
y podrá desatar esta alma mía
hora a su afán ansioso lisonjera;

mas no, de esotra parte, en la ribera
dejará la memoria en donde ardía:
nadar sabe mi llama la agua fría,
y perder el respeto a ley severa.

Alma a quien todo un Dios prisión ha sido,
venas que humor a tanto fuego han dado,
medulas que han gloriosamente ardido,

su cuerpo dejarán, no su cuidado;
serán ceniza, mas tendrá sentido;
polvo serán, mas polvo enamorado.

Colección Vértice

Economía y ética. Raíces cristianas de la economía de libre mercado
Alejandro A. Chafuen

La dignidad del trabajo
Tomás Melendo Granados

Quién es el hombre (5.ª edición)
Leonardo Polo

Preguntas sobre Dios (3.ª edición)
André Frossard

La doctrina social de la Iglesia
Jean-Luc Chabot

El aborto. Implicaciones políticas
Michael Schooyans

Eutanasia. ¿Debemos matar a los enfermos terminales?
Brian Pollard

El mundo de Juan Pablo II
André Frossard

Bioética
Varios autores

Cómo tomar decisiones. Sabiduría práctica para cada día
Peter Kreeft

Hacia una civilización del amor. Un ideal histórico cristiano
Patrick de Laubier

Los monstruos de la razón. Viaje por los delirios de utopistas y revolucionarios
Rino Cammilleri

El festín de Cronos. El futuro de la población en Europa
Gérard-F. Dumont

La civilización fragmentaria
José Luis del Barco

Desfile de modelos (5.ª edición)
José Ramón Ayllón

Pulchrum. Reflexiones sobre la Belleza desde la Antropología Cristiana
(2.ª edición)
Antonio Ruiz Retegui

El Catecismo Romano ante Felipe II y la Inquisición española
Pedro Rodríguez

Ni de Letras ni de Ciencias. Una educación humana
Rafael Gómez Pérez

Para una idea cristiana del hombre.
Aproximación Teológica a la Antropología (2.ª edición)
Juan Luis Lorda

Filosofía de la vida cotidiana (2.ª edición)
Rafael Alvira

El tiempo de las mujeres. Notas para un Nuevo Feminismo
(2.ª edición)
Janne Haaland Matláry

Manuel Azaña y La guerra de 1936
Federico Suárez

El más sabio de los atenienses. Vida y muerte de Sócrates, maestro del filosofar
Miguel Pérez de Laborda

La tolerancia y la manipulación
Alfonso López Quintás

Lo que pesa el humo
Javier Aranguren Echevarría

La verdad, un consenso posible
Rafael Corazón González

Antropología del capitalismo
Rafael Termes

Dios y los ricos
Eduardo Camino

Intelectuales antifascistas
Federico Suárez

Asegurar el amor
Tomás Melendo

Saber, entender... vivir
Rafael Corazón González

Familia, ¡sé lo que eres!
Tomás Melendo

El fermento de Cristo
Juan Luis Lorda

Las crisis del amor
Ugo Borghello

La cultura y el sentido de la vida
Alfonso López Quintás

Cine y misterio humano
Juan José Muñoz García

Recuerda que eres hombre
Carlos Goñi Zubieta

Este libro, publicado por
Ediciones Rialp, S. A.,
Alcalá, 290, 28027 Madrid,
se terminó de imprimir
en Gráficas Rógar, S. A.,
Navalcarnero (madrid)
el día 1 de abril de 2004.